PORTUGUÊS NA PRÁTICA

VOLUME 1

A LÍNGUA COMO INSTRUMENTO

A Editora não é responsável pelo conteúdo da Obra,
com o qual não necessariamente concorda. As Autoras conhecem os fatos narrados,
pelos quais são responsáveis, assim como se responsabilizam pelos juízos emitidos.

Consulte nosso catálogo completo e últimos lançamentos em **www.editoracontexto.com.br**.

PORTUGUÊS NA PRÁTICA

VOLUME 1

A LÍNGUA COMO INSTRUMENTO

Rosana Morais Weg

Virgínia Antunes de Jesus

editora**contexto**

Foto de capa
Almeida Júnior, *Leitura* (óleo sobre tela)

Montagem de capa e diagramação
Gustavo S. Vilas Boas

Preparação de textos
Lilian Aquino

Revisão
Poliana Magalhães Oliveira

Dados Internacionais de Catalogação na Publicação (CIP)
(Câmara Brasileira do Livro, SP, Brasil)

Weg, Rosana Morais e
    A língua como instrumento, v. 1 / Rosana Morais Weg,
Virgínia Antunes de Jesus. – São Paulo : Contexto, 2011. –
(Coleção português na prática)

    Bibliografia.
    ISBN 978-85-7244-543-6

    1. Português – Estudo e ensino I. Jesus, Virgínia
Antunes de. II. Título. III. Série.

10-13887   CDD-469.07

Índice para catálogo sistemático:
1. Português : Estudo e ensino   469.07

2011

EDITORA CONTEXTO
Diretor editorial: *Jaime Pinsky*

Rua Dr. José Elias, 520 – Alto da Lapa
05083-030 – São Paulo – SP
PABX: (11) 3832 5838
contexto@editoracontexto.com.br
www.editoracontexto.com.br

SUMÁRIO

PORTUGUÊS NA PRÁTICA

A coleção "Português na prática", de autoria de Rosana Morais Weg e Virgínia Antunes de Jesus, é composta por dois volumes:

- Volume 1: A língua como instrumento.
- Volume 2: A língua como expressão e criação.

O primeiro volume desenvolve tópicos relacionados à utilização da língua portuguesa como ferramenta indispensável para uma expressão textual correta e clara, como o uso da crase, dos "porquês" e do hífen.

O segundo volume centra-se na inovação e na adequação da expressão escrita e oral, como formação das palavras e estrangeirismos.

A organização do conteúdo nos volumes é resultado das dúvidas apresentadas por leitores, ouvintes e interessados pela língua portuguesa, grande parte deles alunos universitários das autoras e profissionais de vários ramos de atividade. Não segue, portanto, a tradicional ordem das gramáticas impressas, mas tem como proposta instrumentalizar, de modo objetivo e prático, a correção linguística daqueles que apresentam dificuldades em sua expressão.

Parte dos tópicos é baseada em produção das autoras como consultoras para sites voltados para educação e formação profissional.

O USO DE

A CRASE

O uso da **crase** gera muitas dúvidas:
- Quando usar a "crase"?
- Qual a diferença entre "acento grave" e "crase"?
- O que é o "a craseado"?

Quando entendemos a razão de ser da crase e seu funcionamento, tudo se torna muito simples!

O que é a crase

 **Crase** vem do grego *krasis*, que significa "mistura/fusão/junção". Para marcarmos a fusão de dois "as", colocamos o **acento grave** indicativo de crase:
- Vou **à** escola. (Vou a + a escola.)

Quando usar e quando não usar a crase

Como **regra geral** usamos crase nas seguintes situações:
- a + a = à → (preposição *a* + artigo definido *a*)
- a + as = às → (preposição *a* + artigo definido *as*)

Os artigos (a; as) determinam, definem os nomes femininos. Assim, parte de nossos erros já está solucionada:

 **Só existe crase diante de palavra feminina!**
Não pode haver acento indicativo de crase diante de palavra masculina ou verbo. (A única exceção, muito rara, será comentada no capítulo "Formação do plural".)

É preciso saber reconhecer os casos de junção de vogais que pedem acento grave para marcar a crase. Como saber?

Para verificar se sua construção está correta, troque a palavra feminina por outra masculina que tenha o mesmo sentido e veja se aparece "**a + o = ao**" (preposição mais artigo).

Se o resultado for "**ao**", o correspondente feminino será "**à**" (**a + a = à**).

Observe esse processo de substituição nos versos seguintes:

"Detalhes"	
Versos originais	**Substituição**
[...] Detalhes tão pequenos De nós dois São coisas muito grandes Pra esquecer E **a** toda hora vão Estar presentes Você vai ver... [...]	E **a** todo momento vão (não resulta em "ao", portanto, o correspondente feminino é "a")
(Carlos, Erasmo; Carlos, Roberto. "Detalhes". *Roberto Carlos. Acústico MTV*. CD. Amigo Records/ Sony Music. Rio de Janeiro, 2001.)	

"E vamos à luta"	
Versos originais	**Substituição**
[...] Eu vou **à** luta com essa juventude Que não corre da raia **a** troco de nada Eu vou no bloco dessa mocidade Que não tá na saudade e constrói **A** manhã desejada [...]	Eu vou **ao** combate (junção de a + o) Que não corre da raia **a** troco de nada (palavra masculina) **O** dia desejado (substantivo)
(Gonzaguinha. "E vamos à luta". *Gonzaguinha perfil*. CD. Som Livre Globo EMI, s/d.)	

Exemplos do processo de substituição:

	Substituição	Justificativa
Convoquei **as** funcionárias para **a** reunião.	Convoquei **os** funcionários para **o** encontro.	Não há junção de vogais.
Pedi **às** funcionárias para virem **à** reunião.	Pedi **aos** funcionários para virem **ao** encontro.	Junção de vogais.
Fui **à** loja comprar um presente.	Fui **ao** mercado comprar um presente.	Junção de vogais.
Ela gosta de fazer **as** coisas **à** maneira antiga.	Ela gosta de fazer **os** trabalhos **ao** modo antigo.	1º caso: sem junção de vogais; 2º caso: há junção.

Comprar **a** *prazo* é fácil. → *prazo*: palavra masculina, sem crase.
Estava **a** *correr* na praia. → *correr*: é verbo, sem crase.

Crase é a junção de duas vogais iguais.
Acento grave é o sinal que marca essa junção.

Leia os versos originais de Cartola e a correspondente verificação do uso da crase:

"As rosas não falam"	
Versos originais	**Processo de substituição**
[...] Volto **ao** jardim Com a certeza que devo chorar Pois bem sei que não queres voltar Para mim	Volto **à** sala
Queixo-me **às** rosas, mas que bobagem **As** rosas não falam Simplesmente as rosas exalam O perfume que roubam de ti, ai [...]	Queixo-me **aos** jasmins, mas que bobagem **Os** jasmins não falam
(CARTOLA. "As rosas não falam". *Cartola*. LP. Discos Marcus Pereira,1976.)	

Casos particulares

1. Com o pronome "**aquele**" e suas variações também pode ocorrer uso de acento indicativo de crase:
   - Não fui àquela reunião. (Não fui **a a**quela reunião.)
   - Não fui àquele encontro. (Não fui **a a**quele encontro.)

   - Veja aquele menino. (não há crase)
   - Veja aquela menina. (não há crase)

   - Perguntei aquilo ao meu professor. (não há crase)
   - O problema era anterior àquilo. (O problema era anterior **a a**quilo.)

2. Nos casos de preposição "a" que segue **verbos de destino** (ir, dirigir-se), troque o verbo por um que indique procedência (vir, chegar). Se aparecer "d + a", é sinal de que deve haver acento grave:
   - Venho **da** Itália. (aparece o artigo "a")
   - Vou **à** Itália. (há crase)

   - Cheguei d**e** Campinas. (não aparece o artigo "a")
   - Dirijo-me **a** Campinas. (não há crase)

3. Nas expressões subentendidas "à moda de", "à maneira de":
   - Pedimos bifes à milanesa. (à maneira de Milão)
   - Vestimos **à** gaúcha. (à maneira dos gaúchos)
   - Usamos trajes **à** Luís XV. (à moda de Luís XV)

4. A expressão "**a distância**" pode vir seguida da preposição "de" ou não. No primeiro caso, é uma locução prepositiva que determina a distância, portanto ocorre crase (**à distância**). No segundo caso, a distância não vem definida, por isso deve ser utilizada sem crase (**a distância**). É importante destacar que as duas formas são aceitas por alguns gramáticos. Veja os exemplos a seguir:
   - Estava **à** distância de dois metros do assassino.
     (– A que distância? – De dois metros.)

- Ensino **a** distância é um procedimento didático atual. (– Que tipo de distância? – Via internet.)

> A justificativa para o uso ou não da crase em certas expressões é a clareza da mensagem (locuções prepositivas e conjuntivas femininas). Abaixo seguem alguns exemplos em que o uso da crase modifica o sentido da frase:
> - Pus à venda minha casa./Pus a venda em seus olhos.
> - É melhor comprar-se à vista do que a prazo./Com o terreno compra-se a vista de toda região.
> - Lavo todas as roupas à máquina./Lavei a máquina que chegou suja do conserto.
> - Se ele vier à tarde conversaremos./Se ele vir a tarde cair, ficará melancólico.

5. Outros exemplos de uso de crase
   - Irei **à** tarde.
   - Vire **à** esquerda.
   - O encontro é **à** meia-noite.
   - Estarei lá **às** duas horas.
   - Prefiro tudo **às** claras.
   - Estou **às** ordens.
   - Escrever **à** mão.
   - Estava engordando **à** medida que comia.

Erros comuns

- À partir de agora, tudo será diferente. (**errado**)
- A partir de agora, tudo será diferente. (**certo**: não há crase; "partir" é verbo)

- Das 9 as 10 horas. (**errado**)
- Das 9 às 10 horas. (**certo**: deve haver crase; "horas" é feminino)

- De segunda à sexta. (**errado**)
- De segunda a sexta. (**certo**: ao trocar "sexta" por "sábado", não resulta em "ao")

 **Crase** e **acento** são conceitos distintos.
A crase é junção, indicada com acento grave (`).
Não se pode dizer: "– Este *a* tem crase?" ou "– Coloco crase neste *a*?"
O correto é: "– Este *a* tem acento grave?" ou "– Este *a* é craseado?"

Síntese

Usar crase	Exemplos
prep. **a** + artigo **a(s)**	Entregamos os diplomas **às** formandas.
diante de palavra feminina	Entreguei o documento **à** diretora.
prep. **a** + pronome **aquele** (e suas variações)	Entregou o livro **àquela** estudante.
com verbos de destino	Ir **à** faculdade.
em expressões que indiquem "à moda de"	Pintei **à** Renoir.

A VÍRGULA

- Onde colocar a vírgula?
- Em algumas frases uso muitas vírgulas e em outras, não uso nenhuma.

O que é a vírgula

 A palavra **vírgula** vem do latim *virgula*, diminutivo de *virga*, "vara", porque é semelhante a uma varinha.
É um pequeno sinal gráfico indicativo da menor pausa, de curta duração, entre termos de uma enunciado.

Não podemos, no entanto, basear a colocação da vírgula na respiração, visto que o ritmo e a entonação de cada pessoa variam. Para o uso correto da vírgula, é preciso conhecer um pouco da relação entre as palavras dentro de uma frase.

Vamos fazer uma analogia entre a **frase** e a **família**. Cada palavra na frase corresponde a um membro de uma família. Cada frase é composta de várias palavras, assim como cada família é composta de vários membros. Comparemos, então, o relacionamento entre familiares ao relacionamento entre os termos de uma frase.

Alguns termos, assim como os familiares, mantêm um relacionamento mais constante e mais próximo entre eles. Outros termos não se dão tão bem entre si. Alguns se deslocam temporariamente de posição para melhor se relacionar com os mais distantes. Damos o nome de *ordem sintática* a essa rede interna de relacionamentos entre os termos. A vírgula serve para marcar a movimentação, os deslocamentos dos termos dentro de uma frase. Observe o papel da vírgula na sequência abaixo:

Os jogadores receberam vaias, xingamentos, cobranças e agressões da torcida no jogo de sábado à tarde.

Pode ocorrer também que, dentro de uma grande família, dois grupos se relacionem: a família do noivo e a família da noiva se encontram nas festas de fim de ano. Assim, além do relacionamento entre os membros de um mesmo grupo familiar, há o relacionamento entre dois grupos menores dentro de um maior. Atente para os grupos de ações relatados dentro de uma só frase, separados por vírgulas, com exceção do último grupo, que vem antecedido da conjunção "e".

Os atletas perderam a partida, o treinador sentiu-se desolado, a torcida retirou-se desanimada do estádio **e** o time adversário comemorou a vitória com euforia.

Quando não usar a vírgula

1. A relação mais comum entre os termos em uma frase é o que chamamos de **ordem direta** (1-2-3-4).
   Neste caso, a vírgula não é utilizada entre os termos. Observe:

Sujeito	Verbo	Complementos	Circunstâncias
(1)	(2)	(3)	(4)

Os fãs	compraram	ingressos	no mês passado.
(1)	(2)	(3)	(4)

Os fãs	estavam	decepcionados	ontem.
(1)	(2)	(3)	(4)

2. Quando houver **termos que se relacionam diretamente**, não se utiliza a vírgula.
   - O espetáculo não agradou aos ansiosos fãs.
   - Os tristes e decepcionados fãs retiraram-se imediatamente.

Quando usar a vírgula

1. Se algum ou mais de um **termo** ou **expressão** for **deslocado** para outra posição na frase, seja para enfatizar alguma ideia, seja por motivo estético, a vírgula é chamada para marcar essa movimentação. Leia os seguintes versos (adaptados à prosa) de "Domingo no parque", de Gilberto Gil.

A semana passada,	no fim de semana,	João	resolveu	não brigar.
(4)	(4)	(1)	(2)	(3)

(GIL, Gilberto. "Domingo no parque". *20 músicas do século XX. Tropicália. Gilberto Gil.* CD. Millennium, s/d.)

Se a expressão adverbial for breve, não há necessidade de isolá-la com vírgula quando for deslocada. Veja:

A torcida (1)	comprou (2)	ingressos (3)	ontem. (4)
Ontem (4)	a torcida (1)	comprou (2)	ingressos. (3)

2. Se algum **termo**, **expressão** ou **oração** for **inserido** na ordem sintática convencional, deve vir destacado entre vírgulas. Leia estes outros versos adaptados da mesma canção:

José,	**como sempre,**	no fim de semana,	guardou	a barraca...
José,	**como fazia diariamente,**	no fim de semana,	guardou	a barraca...
(1)	(inserção)	(4)	(2)	(3)

> **"Quadrilha"**
>
> João amava Teresa que amava Raimundo
> que amava Maria que amava Joaquim que amava Lili
> que não amava ninguém.
> **João foi para o Estados Unidos, Teresa, para o convento**,
> Raimundo morreu de desastre, Maria ficou para tia,
> Joaquim suicidou-se e Lili casou com J. Pinto Fernandes
> que não tinha entrado na história.
>
> (ANDRADE, Carlos Drummond de. *Poesia completa e prosa em um volume*. Rio de Janeiro: José Aguilar, 1973, p. 60.)

3. Se algum **termo for retirado** da frase (já apareceu uma vez ou está subentendido), coloca-se a vírgula para marcar o lugar de onde foi retirado.

Veja o verso destacados (em negrito) do poema "Quadrilha", de Carlos Drummond de Andrade:

João	foi	para o Estados Unidos,
Teresa	(,) (termo retirado)	para o convento...

4. O uso mais comum da vírgula é para separar termos de uma **enumeração**. Observe o uso das vírgulas na sequência destacada do poema de Carlos Drummond de Andrade:

> João foi para o Estados Unidos (1),
> Teresa, para o convento (2),
> Raimundo morreu de desastre (3),
> Maria ficou para tia (4),
> Joaquim suicidou-se (5) e
> Lili casou (6) com J. Pinto Fernandes [...]

Você pode notar que o último grupo da enumeração (Lili casou) vem anunciado pela conjunção "e". O mais indicado, em geral, é não colocar vírgula antes do "e". No entanto, há casos em que a vírgula é recomendada. Em poesia, é comum o autor não se prender a tal regra em função do ritmo que pretende dar ao texto.

• **Sujeitos diferentes** nas orações	Francisco foi para a Itália, **e** Maria viajou para a Espanha.
• **Conjunção "e"** com sentido diferente do sentido original de adição	Francisco desembarcou em Bérgamo, **e** ninguém o aguardava. (**e = mas**)
• **Conjunção "e"** para enfatizar uma sequência	Emocionou-se, **e** pulou, **e** levantou os braços, **e** gritou: Goooool!

5. Para separar o **vocativo**, as **saudações** e **outras interpelações**.
O **vocativo** é utilizado quando o emissor se dirige diretamente ao inter-locutor. O vocativo vem separado por vírgula(s), assim como os **cumpri-mentos**, **saudações**, **agradecimentos**, **desculpas**, **pedidos** e **similares**.
Atente para os exemplos em destaque nos seguintes versos:

"Sinal fechado"
Olá, como vai?   **(cumprimento)** Eu vou indo, e você, tudo bem? Tudo bem, eu vou indo, correndo, pegar meu lugar no futuro. E você? [...] (VIOLA, Paulinho. "Sinal fechado". *Meus momentos. Paulinho da Viola.* CD. EMI Odeon, s/d.)

"Marina"

Marina, morena
    (vocativo)
Marina, você se pintou
Marina, você faça tudo
Mas faça um favor
[...]
Eu já desculpei muita coisa
Você não arranjava outro igual
Desculpe, **Marina, morena**
    (vocativo)
Mas estou de mal.
 	
(CAYMMI, Dorival. "Marina". *A música brasileira deste século por seus autores e intérpretes. Dorival Caymmi.* CD. Sesc São Paulo, s/d.)

"Bom dia, minha flor"

Galo já cantou no meu terreiro
Pássaros já vão se alvoroçar
Aurora raiou
Astro-rei já vem
Bom dia, minha flor, meu bem (cumprimento + vocativo)
Bom dia, bom dia, bom dia, meu amor. [...] (cumprimento + vocativo)

(VILA, Martinho da; HORA, Rildo. "Bom dia, minha flor". *Martinho da Vila 12 sucessos brilhantes*. CD. Columbia, s/d.)

"Pare o casamento"

Por favor, pare agora,
    (pedido)
Senhor juiz, pare agora, [...]
    (vocativo)

(RESNICK EYOUNG. Interpr.: Wanderléa. "Pare o casamento". *A ternura de Wanderléa*. LP. CBS, 1966.)

6. Para destacar termos, expressões ou orações explicativas referentes a um termo anterior (antecedente), utilizamos a(s) vírgula(s). É o caso do aposto, da oração adjetiva e de expressões explicativas.

Aposto	Stephen Biko, **ativista de destaque na luta contra o *apartheid* na África do Sul**, foi uma das figuras mais representativas do século XX na defesa dos direitos humanos.
Oração adjetiva	Biko, **que foi líder sul-africano contra o *apartheid***, nasceu em 18 de dezembro de 1946 e foi morto em 12 de dezembro de 1977.
Explicação	Biko, **ou melhor, Banto Stephen Biko**, morreu após ser preso e torturado pela polícia sul-africana.

7. Para indicar **reforço proposital** de termo no mesmo enunciado (pleonasmo).

Aos inimigos, não **lhes** darei satisfações. (aos inimigos = lhes)

8. Para salientar **o local quando acompanhado de data**.

São Paulo, 20 de julho de 2009.

ETC.

- *Et cetera* é uma expressão proveniente do latim *et coetera et caetera* e significa "e outras coisas"/e outros/e assim por diante.
- É sempre utilizada em sua forma abreviada (**etc.**), seguida de ponto, pois é uma abreviação.
- Alguns autores consideram-na como mais um item de uma enumeração e que, assim, deve ser precedida de vírgula: Nesta Páscoa espero ganhar **bombons, ovos de chocolate, balas, etc.**
- Outros, que ela já contém em sua origem o **E**, portanto dispensa o uso da vírgula: Nesta Páscoa espero ganhar **bombons, ovos de chocolate, balas etc.**

Conclusão: a vírgula antes de etc. é facultativa.

Síntese

Agora que você já conhece o relacionamento dos termos dentro de uma frase, não siga o senso comum: "Na dúvida, não coloque vírgula". Além de revelar que você não conhece seu próprio texto, indica que você prefere o caminho mais fácil, que nem sempre é o correto.

Quando não usar a vírgula	Quando usar a vírgula
• Quando houver termos que se relacionam diretamente entre si. • Quando a frase estiver na ordem direta.	• Quando algum termo for deslocado da ordem direta. • Quando algum termo for suprimido da frase. • Quando algum termo for inserido na frase. • Para marcar enumerações. • Para destacar saudações e vocativo. • Para destacar o aposto (termo explicativo). • Para reforçar termo já citado. • Para salientar o local, se acompanhado de data.

O HÍFEN

- Qual é a utilidade do hífen?
- Quando usar e quando não usar o hífen?

Decidir quando usar ou não o hífen sempre foi uma escolha difícil, seja porque não conhecemos bem as normas ortográficas, seja porque há muitas exceções às regras.

Com o Acordo Ortográfico da Língua Portuguesa no Brasil e em outros países lusófonos vigente desde 2009, algumas normas mudaram e outras se mantiveram. Vamos, então, conhecer melhor o uso do hífen.

O que é o hífen

 O **hífen** é um sinal gráfico que serve para separar dois ou mais termos de uma palavra composta. É um traço curto grafado entre os termos.

Quando usar e quando não usar o hífen

Como vimos, o hífen é utilizado em **palavras compostas**. É preciso, então, considerar os seguintes tipos de composição das palavras:

Palavras compostas por **justaposição**	Quando os termos, com sentido próprio, colocados lado a lado, formam uma palavra (**couve + flor = couve-flor**).
Palavras compostas por **prefixação**	Quando uma partícula é colocada antes do termo principal (**pré-estreia**).
Palavras compostas por **sufixação**	Quando uma partícula é colocada após o termo principal (**capim-açu**).

Justaposição, encadeamentos vocabulares e locuções

Hífen	Processo	Exemplos
SIM	**Justaposição**: elementos com origem em: • substantivos; • adjetivos; • numerais; • verbos; em que dois ou mais termos se juntam e resultam em uma palavra com sentido completo.	ano-luz arco-íris decreto-lei médico-cirurgião norte-americano sul-africano azul-escuro primeiro-ministro segunda-feira guarda-chuva
NÃO	No caso de certas palavras compostas em que pode não se perceber que são formadas por mais de um termo.	paraquedas girassol pontapé
SIM	**Topônimos**: palavras indicativas de lugar: • iniciados pelos adjetivos grã ou grão; • iniciados por verbo ou cujos elementos estejam ligados por artigo.	Grã-Bretanha Passa-Quatro Baía de Todos os Santos
NÃO	Demais **topônimos compostos**. *Exceção*: Guiné-Bissau.	América do Sul Belo Horizonte Cabo Verde
SIM	Entre **duas ou mais palavras** que resultam em combinações históricas ou ocasionais de topônimos.	Áustria-Hungria Alsácia-Lorena Angola-Brasil Tóquio-Rio de Janeiro
SIM	**Espécies botânicas** e **zoológicas**: • ligadas ou não por preposição ou qualquer outro elemento.	andorinha-do-mar bem-me-quer (planta) bem-te-vi (pássaro) cobra-d'água couve-flor erva-doce
SIM	Compostos com os advérbios **bem** e **mal**, quando: • formam com o elemento seguinte uma única unidade de sentido. • o 2º elemento começa com **h** ou com **vogal**;	bem-aventurado bem-estar bem-humorado mal-afortunado mal-estar mal-humorado

NÃO	Advérbio **bem** aparece **aglutinado** com o segundo elemento, ou seja, quase não se percebe que o vocábulo final é um composto de dois termos.	benfazejo benfeito benfeitor benquerença
OBS.:	Advérbio **bem** (ao contrário de **mal**): • **pode não se aglutinar** com palavras começadas por consoante. Para saber qual é o caso, o melhor é consultar um dicionário.	bem-**c**riado x malcriado bem-**d**itoso x malditoso bem-**f**alante x malfalante bem-**m**andado x malmandado bem-**n**ascido x malnascido bem-**s**oante x malsoante bem-**v**isto x malvisto
SIM	Compostos com: • **além**, **aquém**, **recém** e **sem**.	além-mar aquém-Pireneus recém-casado sem-vergonha
SIM	Entre **duas ou mais palavras** que ocasionalmente se combinam: • quando formam **encadeamentos vocabulares** e não propriamente vocábulos.	a tríade Liberdade-Igualdade- Fraternidade a ponte Rio-Niterói a ligação Angola-Moçambique
NÃO	**Locuções**: vocábulos que, juntos, podem funcionar como substantivos, adjetivos, pronomes, advérbios, preposições ou conjunções.	**Loc. substantivas**: cão de guarda, fim de semana, sala de jantar. **Loc. adjetivas**: cor de vinho. **Loc. pronominais**: cada um, ele próprio, nós mesmos, quem quer que seja. **Loc. adverbiais**: à parte, à vontade, de mais; depois de amanhã, em cima, por isso. **Loc. prepositivas**: abaixo de, acerca de, acima de, a fim de, a par de, à parte de, apesar de. **Loc. conjuncionais**: a fim de que, ao passo que, contanto que, logo que, por conseguinte, visto que.

Exceções: água-de-colônia, arco-da-velha, cor-de-rosa, mais-que-perfeito, pé-de-meia, ao deus-dará, à queima-roupa.

Prefixação

Veja a seguir exemplos de prefixos (partículas que antecedem e modificam o sentido do radical) e os casos em que é utilizado o hífen.

Prefixos	ante-, anti-, circum-, co-, contra-, entre-, extra-, hiper-, infra-, intra-, pós-, pré-, pró-, sobre-, sub-, super-, supra-, ultra-.
Pseudoprefixos	aero-, agro-, arqui-, auto-, bio-, eletro-, geo-, hidro-, inter-, macro-, maxi-, micro-, mini-, multi-, neo-, pan-, pluri-, proto-, pseudo-, retro-, semi-, tele-.

Nos casos de prefixação, utiliza-se o hífen só nos seguintes casos:

Hífen	Processo	Exemplos
SIM	Quando o prefixo ou pseudoprefixo **termina com a mesma vogal** com que se inicia o 2º elemento.	anti-inflamatório arqui-inimigo contra-almirante extra-aula macro-organização micro-ondas

Exceção: com o prefixo **co-** aglutinado ao 2º elemento, mesmo quando iniciado por **o** – coordenar, cooperação.

Hífen	Processo	Exemplos
NÃO	Quando o prefixo ou pseudoprefixo **termina em vogal e o 2º elemento começa por vogal diferente**.	autoescola extraescolar antiaéreo aeroespacial autoaprendizagem agroindustrial hidroelétrica
SIM	Quando o 2º elemento começa por **h.**	anti-higiênico auto-homenagem extra-humano pan-helenismo pré-história semi-hospitalar sub-humano super-herói

NÃO	Com os prefixos **des-** e **in-** em que o 2º elemento **perdeu o h** inicial.	desumano inábil inumano
SIM	Com os prefixos **hiper-**, **inter-** e **super-**, quando combinados com elementos iniciados por **r**.	hiper-resistente inter-racial inter-regional super-racional super-raso
NÃO	Quando o prefixo ou falso prefixo **termina em vogal** e o **segundo elemento começa por r** ou **s**. As consoantes devem ser duplicadas.	antessala antirrugas arquirrival autorretrato biorritmo contrarregra extrasseco microssistema minissaia ultrassonografia
SIM	Com os prefixos **circum-** e **pan-**: • quando o 2º elemento começa por vogal, **m** ou **n**; • quando o 2º elemento começa por **h**, caso já considerado anteriormente.	circum-escolar circum-murado circum-navegação pan-americano pan-mágico pan-negritude
SIM	Com os prefixos **ex-** , **sota-**, **soto-**, **vice-** e **vizo**.	ex-vice-presidente soto-mestre sota-capitão vice-reitor vizo-rei
SIM	Com os prefixos **tônicos acentuados** graficamente **pós-**, **pré-** e **pró-**.	pós-graduação pós-tônicos (mas pospor) pré-escolar pré-natal pré-natal (mas prever) pró-africano pró-africano (mas promover)
NÃO	Quando as correspondentes **formas átonas** (não acentuadas) se aglutinam com o elemento seguinte).	pospor prever promover

Sufixação

Veja, a seguir, quando é utilizado o hífen na sufixação.

Hífen	Processo	Exemplos
SIM	**Com os sufixos** de origem **tupi-guarani:** • **-açu, -guaçu, -mirim.**	capim-açu Ceará-Mirim

Casos de colocação pronominal

Hífen	Processo	Exemplos
SIM	Colocação pronominal: **ênclise.**	deixei-o/amá-lo/eis-me
SIM	Colocação pronominal: **mesóclise.**	encontrá-lo-ei mandar-lhe-emos
NÃO	Nas ligações de preposições às formas monossilábicas do verbo **haver** no presente do indicativo: **há de/hás de.**	hei de/hão de

Como separar sílabas dos compostos

Quando for necessário separar os termos de um composto na mudança de linhas, o hífen deve ser repetido na linha seguinte.*

Todos os atletas das Américas competirão nos jogos pan-
-americanos.

Exemplos

- **Duas-Caras** é um dos **arqui-inimigos** do Batman, o **homem--morcego**.
- Lex Luthor, o **arquirrival** do **Super-Homem** (o **homem de aço**), **reaparece** em nova **minissérie**.
- O **Homem-Aranha** é um **superinteressante** personagem por ser um **anti-herói**.

---

* A Editora Contexto não adota como padrão a repetição do hífen na linha seguinte.

- Trabalhos **extraescolares (extra-aula) preveem cooperação** das equipes.
- A **pré-estreia** do **audiovisual realizar-se-á** na próxima **quinta-feira** à **meia-noite**.
- Personagens históricos e **pré-históricos coexistem** nos filmes **norte--americanos**.
- Comportamento **antissemita**, *apartheid* **sul-africano** e discriminação contra **afrodescendentes** são temas de reportagens sobre a questão **inter-racial**.
- Foi lançado **sexta-feira, anteontem**, um **recém-descoberto** creme **antirrugas**.

Observe como ficam alguns versos de compositores brasileiros.

"Para-raio"
[...] Quem manda na chuva é o vento Quem manda na chuva é o vento E **para-raio** **Cata-vento** E **para-raio** E para o tempo E para E **para-raio** **Cata-vento**
(DJAVAN. "Para-raio". *Djavan, a voz, o violão: a música de Djavan*. CD. M-Odeon/Som Livre, 1976.)

"Até segunda-feira"
Sei que a noite inteira eu vou cantar Até **segunda-feira** Quando volto a trabalhar, morena Sei que não preciso me inquietar Até segundo aviso Você prometeu me amar
(HOLLANDA, Chico Buarque de. "Até 2ª feira". *Chico Buarque de Hollanda*. v. 3. CD. Som Livre, 2006.)

"Bem-querer"

Quando o meu **bem-querer** me vir
Estou certa que **há de vir** atrás
Há de me seguir por todos
Todos, todos, todos o umbrais

E quando o seu **bem-querer** mentir
Que não vai haver adeus jamais
Há de responder com juras
Juras, juras, juras imorais

E quando o meu **bem-querer** sentir
Que o amor é coisa tão fugaz
Há de me abraçar com a garra
A garra, a garra, a garra dos mortais

(HOLLANDA, Chico Buarque de. "Bem-querer". *Chico Buarque e Maria Bethânia ao vivo*. CD. Phonogran/Philips, 1975.)

"Meio-dia, meia-lua
(Na ilha de Lia, no barco de Rosa)"

[...]
Era estar com Rosa nos braços de Lia
Era Lia com balanço de Rosa
Era tão real
Era devaneio
Era **meio a meio**
Meio Rosa meio Lia, meio
Meio-dia mandando eu voltar com Lia
Meia-lua mandando eu partir com Rosa
Na ilha de Lia, de Lia, de Lia
No barco de Rosa, de Rosa, de Rosa

(HOLLANDA, Chico Buarque de; LOBO, Edu. "Meio-dia, meia-lua (Na ilha de Lia, no barco de Rosa)". *Dança da meia-lua*. CD. Biscoito Fino, 2008.)

"Africasiamérica"
(Obs.: O autor aglutinou três palavras em uma só,
para indicar a união dos povos.)

[...]
Africasiamérica tranquila
Africasiamérica tranquila

Negro, branco, amarelo, meu céu
O som da tua festa me alucina
Eis o meu abraço sem fel.

(GONZAGUINHA. "Africasiamérica". *Africasiamérica*. CD. Editio Princeps, 2006.)

OS PORQUÊS

Dúvidas

As perguntas mais comuns sobre o uso dos "porquês" no Brasil são:
- *Porque* é junto ou separado?
- Tem acento ou não?

Esclarecimentos

Em várias línguas há duas formas diferentes para expressar a interrogação e sua resposta. Alguns exemplos:

INGLÊS (Why/Because)	
Why are you studying so hard? (***Por que*** *você está estudando tanto?*)	**Because** I want to pass my exam. (***Porque*** *eu quero passar no exame.*)
FRANCÊS (Pourquoi/Parce que)	
Pourquoi pleures-tu? (***Por que*** *você chora?*)	**Parce que** je suis malade. (***Porque*** *estou doente.*)
ALEMÃO (Warum/Weil)	
Warum bist du immer so ernst, Gertrude? (***Por que*** *você está sempre tão séria, Gertrude?*)	**Weil** ich mich nicht gut fühle. (***Porque*** *não me sinto muito bem.*)

No Brasil, há quatro formas possíveis de se grafar o "porquê":

por que	em duas palavras, sem acento
porque	junto, sem acento
por quê	em duas palavras, com acento
porquê	junto, com acento

Como usar os porquês

Observe o uso de cada um:

Forma	Situação	Exemplo
Por que	• Em perguntas.	**Por que** chegou tarde? **Por que** você o agrediu?
	• Para expressar a ideia de motivo, razão.	Não sei **por que** ele se atrasou.
	• Como pronome relativo (pode ser substituído por "pelo qual", "pela qual", "pelos quais" etc.). Observe que este caso é diferente do anterior porque a expressão se refere a um termo que já apareceu na frase.	O trajeto **por que** ele veio é perigoso. O trajeto **pelo qual** ele veio é perigoso. A causa **por que** lutamos é social. A causa **pela qual** lutamos é social. As explicações **por que** anseio sempre vêm tarde demais. As explicações **pelas quais** anseio sempre vêm tarde demais.
Por quê?	• Em perguntas, no final de frase.	Você está preocupado, **por quê**? Você está preocupado. **Por quê**?
Porque	• Em respostas e explicações. • Em perguntas acompanhadas de hipóteses.	Eu não vou **porque** não quero. Você não vai **porque** não quer? Você não quer me contar **porque** é um segredo? (**talvez** seja um segredo)
Porquê	• Como substantivo (pode vir antecedido do artigo "o").	Ele não explicou **o porquê** de sua escolha. Não sei **o porquê** desse seu comportamento (a causa/o motivo). Tenho certeza d**o porquê** dessa sua resposta (da causa/do motivo).

Procure compreender o uso dos "porquês" nos vários exemplos extraídos de textos poéticos a seguir:

"Samba em prelúdio"

Eu sem você não tenho **porquê**
Porque sem você não sei nem chorar
Sou chama sem luz, jardim sem luar
Luar sem amor, amor sem se dar
Eu sem você
Sou só desamor [...]

(Powell, Baden; Moraes, Vinicius. "Samba em prelúdio". *Baden Powell: a bênção Baden Powell.* CD. Universal Music Brasil, 2005.)

"O calibre"

Eu vivo sem saber até quando ainda estou vivo
Sem saber o calibre do perigo
Eu não sei, d'aonde vem o tiro

Por que caminhos você vai e volta?
Aonde você nunca vai
Em que esquinas você nunca para?
A que horas você nunca sai?
Há quanto tempo você sente medo?
Quantos amigos você já perdeu?
Entrincheirado vivendo em segredo
E ainda diz que não é problema seu [...]

(Vianna, Herbert. "O calibre". Interpr.: Paralamas do Sucesso. *Longo caminho.* CD. EMI, 2002.)

"Por que será?"

Por que será
Que eu ando triste por te adorar?
Por que será
Que a vida insiste em se mostrar
Mais distraída dentro de um bar,
Por que será? [...]

(Moraes, Vinícius; Toquinho; Vergueiro, Carlinhos. "Por que será?". *Toquinho & Vinícius.* CD. Millennium, 1998.)

> **"100 anos"**
>
> [...]
> Não adianta mais me consolar
> Se fui eu que escolhi assim
> Não quer dizer que seja bom pra mim
> O tempo passa
> Mas eu vejo como nada mudou
> É...
> Às vezes não consigo me entender **por quê?**
> É...
>
> (FALAMANSA. "100 Anos". *Simples mortais*. CD. Deckdisc, 2003.)

Curiosidade

Em Portugal, tanto por escrito, como oralmente, há diferenças no uso dos "porquês" com relação ao do Brasil.

Oralmente, dependendo do caso, o acento tônico pode vir na penúltima ou na última sílaba da palavra. Quando paroxítona, pronuncia-se algo próximo de "**pú**rque" (pergunta). Quando oxítona, pronuncia-se "purqu**ê**".

Além disso, costuma ser grafado como uma única palavra. Leia abaixo os excertos do poeta português Fernando Pessoa. O primeiro está de acordo com as normas do português do Brasil. Já no segundo, apenas com perguntas, os porquês deveriam estar separados, se fossem seguidas as normas daqui.

(Fernando Pessoa/Alberto Caeiro)	**(Fernando Pessoa)**
Pensar em Deus é desobedecer a Deus, **Porque** Deus quis que o não conhecêssemos, Por isso se nos não mostrou...	**Porque** esqueci quem fui quando criança? **Porque** deslembro que então era eu? **Porque** não há nenhuma semelhança Entre quem sou e fui?
(PESSOA, Fernando. "Pensar em Deus é desobedecer a Deus". *Obra poética*. Rio de Janeiro: Aguilar, 1969.)	(PESSOA, Fernando. *Poesias inéditas (1930-1935)*. Lisboa: Ática, 1955.)

Atenção:

1. No Português do Brasil, nas frases interrogativas, os termos são sempre separados (por que...? ou por quê?). Nas respostas, formam uma só palavra (porque).

2. Observe, todavia:
   - Você pretende revelar **porque** é segredo?

   Está numa frase interrogativa, entretanto não é **pronome interrogativo** (Por que você pretende revelar...?), mas **conjunção subordinativa causal** (explica a causa). Seria resposta da oração anterior (Você quer revelar **porque** é segredo).

Veja outros exemplos:
   - Por que ele foi à reunião? (**Porque** o patrão mandou.)
   - Ele foi à reunião **porque** o patrão mandou?

   - Por que você largou de fumar? (**Porque** seu médico aconselhou.)
   - Você largou de fumar **porque** seu médico aconselhou?

2

ORTOGRAFIA E VOCABULÁRIO

O USO DE "S" E "Z"

- Você sabe como se escreve analisar/analizar? Com "s" ou com "z"?
- É pãozinho ou pãosinho?
- Qual é o diminutivo de Luís? E de Luiz?

Essas e outras dúvidas parecidas são muito ouvidas. É frequente as pessoas dizerem: "Eu sei falar, mas na hora de escrever me atrapalho".

O que significa ortografia?

> **Ortografia**
> (do grego) *orto* = correto + *graphos* = escrita
>
> **Ortografia** significa a maneira correta de se escrever as palavras.
>
> Portanto, nunca diga:
> - "Veja se minha ortografia está correta."
>
> E sim:
> - "Veja se minha grafia está correta."

Vamos tratar apenas do emprego dos fonemas (unidades mínimas de som que são representadas pelas letras na língua escrita) **S** e **Z** – que têm o som igual na linguagem oral (correspondem ao fonema Z):

1. Emprega-se "s": depois de **ditongos** (encontro de duas vogais):

coisa, maisena, Cleusa, pausa, pouso, repouso

2. **Emprega-se "s"**: nos **sufixos** (terminações) **-ase, -ese, -ise, -ose**:

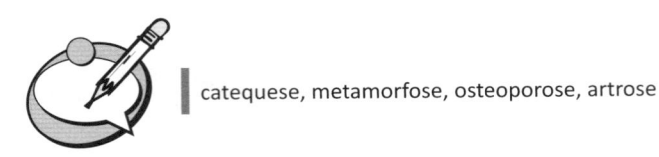

catequese, metamorfose, osteoporose, artrose

3. **Emprega-se "s"**: nos **sufixos** que indicam a qualidade de "cheio de", ou seja, em adjetivos terminados em: **-oso, -osa**:

Substantivo	Adjetivo
areia	arenoso/arenosa
delícia	delicioso/deliciosa
creme	cremoso/cremosa
gás	gasoso/gasosa

Obs.: atenção à palavra *gozo* (vem de gozar).

4. **Emprega-se "s"**: nos **sufixos** que indicam nacionalidade, profissão, estado social, títulos honoríficos (de honra), gentílicos (lugar de origem de alguém): **-ês, -esa, -esia, -isa**:

(-ês)	(-esa)	(-esia/isa)
japonês	japonesa	
burguês	burguesa	burguesia
freguês	freguesa	freguesia
	duquesa/princesa/baronesa	
		poesia/poetisa

5. Diferentemente da regra anterior, se as palavras forem **derivadas** de **adjetivos**, os sufixos devem vir grafados com **"z"** e não com **"s"**:

Primitiva: adjetivo	Derivada
macio	maciez
rico	riqueza
rígido	rigidez

6. Emprega-se "s": nas palavras **derivadas** de outras com **"s"**:

Primitiva	Derivada	Derivada
Luís	Luisinho	Luisão
rosa	rosinha	roseira/roseiral
lápis	lapisinho	lapiseira
análise	analisar	analisado
pesquisa	pesquisar	pesquisado
casa	casar	casamento
liso	alisar	alisamento
paralisia	paralisar	paralisação

7. Diferentemente da regra anterior, se as palavras forem **derivadas** de **outras que não têm "s" ou "z" no radical**, o sufixo é com **"z"**:

Primitiva (sem s ou z)	Verbo	Diminutivo/aumentativo
final	finalizar	finalzinho
café	cafezal	cafezinho
mãe		mãezinha/mãezona
pão/pães		pãozinho/pãezinhos
pai		paizinho/paizão
pé		pezinho/pézão
pau		pauzinho
concreto	concretizar	

8. Semelhante à regra anterior (sem "s" no radical), nas palavras em que o **"z" faz parte do radical**, ele deve ser **mantido** no sufixo. Observe:

Primitiva	Derivada	Derivada
Luiz	Luizinho	Luizão
juiz	juizado	ajuizar
deslize	deslizar	deslizante

Outras formações:

Primitiva com "s"	Derivada com "z"	Derivada com "z"
batismo	batizar (e não batismizar)	batizado
catequese	catequizar (e não catequesizar)	catequizado
hipnose	hipnotizar (e não hipnosizar)	hipnotizado
síntese	sintetizar (e não sintesizar)	sintetizado

Note o uso dos derivados na canção de Caetano Veloso:

"Queixa"
Um amor assim delicado
Você pega e **despreza**
Não devia ter despertado
Ajoelha e não reza
Dessa coisa que mete medo
Pela sua **grandeza**
Não sou o único culpado
Disso eu tenho a certeza
Princesa, surpresa, você me **arrasou**
Serpente, nem sente que me envenenou
Senhora, e agora, me diga aonde eu vou
Senhora, serpente, princesa
Um amor assim violento
Quando torna-se mágoa
É o avesso de um sentimento
Oceano sem água

(VELOSO, Caetano. "Queixa". *O melhor de Caetano Veloso. Sem lenço nem documento*. CD. Philips, s/d.)

9. **Emprega-se "s"**: nas formas dos verbos **pôr** e **querer** em seus derivados e compostos:

Verbo no infinitivo	Formas verbais derivadas
pôr	pôs/puser/pusesse
repor	repôs/repuser/repusesse
querer	quis/quiser/quisesse

Atente para o uso do "s" e do "z" na canção de Gilberto Gil:

"Se eu quiser falar com Deus"
Se eu quiser falar com Deus
Tenho que ficar a sós
Tenho que apagar a luz
Tenho que calar a voz
Tenho que encontrar a paz
Tenho que folgar os nós
Dos sapatos, da gravata
Dos desejos, dos receios
Tenho que esquecer a data
Tenho que perder a conta
Tenho que ter mãos vazias
Ter a alma e o corpo nus
Se eu quiser falar com Deus
Tenho que aceitar a dor
Tenho que comer o pão
Que o diabo amassou
Tenho que virar um cão
Tenho que lamber o chão
Dos palácios, dos castelos
Suntuosos do meu sonho
Tenho que me ver tristonho
Tenho que me achar medonho
E apesar de um mal tamanho
Alegrar meu coração

(GIL, Gilberto. "Se eu quiser falar com Deus". *Enciclopedia Musical Brasileira: Gilberto Gil*. CD. Warner Brasil, 2000.)

10. Emprega-se "s": nas palavras derivadas de verbos com radicais terminados em **"-d"**:

Verbo	Derivadas com "s"
aludir	alusão
decidir	decisão
difundir	difusão
empreender	empresa

Veja o uso de "s" e "z" no seguinte exemplo:

> Se *fizéssemos* uma *pesquisa* de mercado e uma *análise organizacional*, chegaríamos à *conclusão* de que por *trás* das grandes *empresas* sempre há, pelo menos, um funcionário que *traz* sugestões para *otimizar* a comunicação e *minimizar* a burocracia.

Atenção para a grafia das seguintes palavras:

Com "s"	Com "z"
Há um prego na parte de **trás** da porta.	Ele **traz** sempre o jornal. (do verbo trazer)
Ele está **atrás** da porta.	
Ele está **atrasado**.	
O **traseiro** do porco foi assado.	
Vós sabeis que...	Sua **voz** está baixa.
Nós saímos cedo.	O esquilo comia a **noz**.
Fez vários **nós** na gravata.	A **noz** enfeitava a árvore de natal.
O pedreiro trouxe as **pás**.	A **paz** esteja convosco.

Para finalizar, alguns versos de Fernando Pessoa:

"Tabacaria" (Fernando Pessoa/Álvaro de Campos)
[...] Falhei em tudo. Como não fiz propósito nenhum, talvez tudo fosse nada. A aprendizagem que me deram, Desci dela pela janela das traseiras da casa. Fui até ao campo com grandes propósitos. Mas lá encontrei só ervas e árvores, E quando havia gente era igual à outra. [...]

(Pessoa, Fernando. "Tabacaria". *Fernando Pessoa: poesia*. 6. ed. Rio de Janeiro: Agir, 1974, p. 86.)

USO DE "C", "Ç", "S", "SS"

Vimos que *ortografia* significa a maneira correta de se escrever as palavras.

Vamos agora tratar da forma correta de se grafar palavras que têm o mesmo som (fonema) "S" (pronúncia "ce"), mas são escritas de maneira diferente: com c, ç, s ou ss. Exemplos: inversão, reeducação, concessão.

Há muitas regras para o uso destas letras nos vocábulos da língua portuguesa escrita no Brasil. Vamos destacar algumas de aplicações mais correntes:

> **Regra geral** – fonema "S"
> - No início das palavras, usa-se "**s**" ou "**c**". Nunca "**ç**" ou "**ss**".
> - No meio das palavras, utiliza-se qualquer uma das letras, dependendo da regra específica.
> Exemplos: **s**air, **s**aí**ss**e, ca**ç**ar, ca**ss**ar.

Dúvidas e dificuldades

1. Uma das dúvidas mais frequentes é quanto à grafia das palavras que contêm ditongos (encontro de vogais). Algumas possibilidades:

- **Ditongos**:

Regra	Tipo de ditongo	Exemplos
Usa-se **ç** (e não ss)	com som de s (ce)	reel**eiç**ão, tra**iç**ão
Usa-se **c** (e não ss)	com som de s (ce)	f**oic**e, c**oic**e

2. Outra dúvida comum refere-se à grafia dos sufixos (terminações das palavras). Observe como é simples:

- **Sufixos**:

Usa-se "ç", se houver os sufixos	Exemplos
-to	absorto/absorção canto/canção conjunto/conjunção ereto/ereção exceto/exceção intento/intenção junto/junção
-tor	infrator/infração redator/redação setor/seção (veja outras grafias de palavras na p. 48) trator/tração
-tivo	ativo/ação introspectivo/introspecção intuitivo/intuição relativo/relação

Usa-se "ç" nos sufixos	Exemplos
-aça/-aço	aço, bagaço, barcaça, ricaço
-iça/-iço/-uça/-uço	carniça, caniço, carapuça, dentuço
-çar/-ecer	aguçar, empalidecer
-nça	esperança

3. As maiores dificuldades surgem no momento de escrever as formas derivadas de verbos:

- **Verbos**:

Escrevem-se com "ç"	

• Palavras derivadas do **verbo ter e seus derivados** são grafadas com **"ção"**:	abster/abstenção
	ater/atenção
	conter/contenção
	deter/detenção
	manter/manutenção
	reter/retenção
	ter/tenção
	Obs.:
	    • **tenção**: vem de tencionar, ter a intenção, o propósito
	    • **tensão**: vem de tensionar, retesar, manter tenso

• Palavras derivadas de verbos em que o **"ção"** substitui o **"r"** final	educar/educação exportar/exportação fundir/fundição importar/importação reeducar/reeducação repartir/repartição
• Verbos derivados de palavras que terminam com **-ce** terão sufixo com **"ç"**	alcance/alcançar lance/lançar relance/relançar

Escrevem-se com "s" (ce) – vocábulos derivados de verbos cujo radical termina em	
nd	ascender/ascensão despender/despesa fundir/fusão confundir/confusão pretender/pretensão, pretensa, pretensioso defender/defesa, defensivo compreender/compreensão, compreensivo repreender/repreensão expandir/expansão
rg	submergir/submersão
rt	divertir/diversão inverter/inversão converter/conversão perverter/perversão
pel	expelir/expulso, expulsão compelir/compulsório, compulsão repelir/repulsa
corr	discorrer/discurso recorrer/recurso concorrer/concurso
sent	sentir/sensível consentir/consensual, consenso
Escrevem-se com um só "s" – vocábulos em que o fonema "s" (ce) vem depois de	
n ou r	cansar/cansaço/cansado pensar/pensamento/impensado discursar/discurso/discursando ansiar/ansioso/ansiedade

Os seguintes versos foram retirados do poema "José", de Carlos Drummond de Andrade. Observe a grafia das palavras em destaque:

> [...]
> você que faz **versos**,
> que ama, protesta?
> e agora, José?
>
> Está sem mulher,
> está sem **discurso** [...]
>
> (ANDRADE, Carlos Drummond de. *Carlos Drummond de Andrade*. São Paulo: Abril,1980, p. 24.)

E mais estes versos da composição "Cansei", de Sinhô:

> **Cansei, cansei**
> **Cansei** de te querer
> Pois fui de plaga em plaga
> O ale do além
> Numa **esperança** vaga
> E eu pude compreender
> Por que **cansei**
> **Cansei** de padecer [...]
>
> (Sinhô. "Cansei". *É sim, sinhô*. v. 2. CD. Independente. 2000.)

Escrevem-se com "ss"	
• Palavras derivadas de verbos terminados em **-ceder** são escritas com **-cess**	exceder/excesso/excessivo conceder/concessão proceder/processo ceder/cessão retroceder/retrocesso
• Palavras derivadas de verbos terminados em **-primir** são escritas com **-press**	imprimir/impressão deprimir/depressivo/depressão comprimir/compressa/compressão oprimir/opressão
• Palavras derivadas de verbos terminados em **-gredir** são escritas com **-gress**	progredir/progresso/progressão/ agredir/agressor/agressão/agressivo transgredir/transgressão/transgressor agredir/agressivo/agressão regredir/regressão/regresso
• Palavras derivadas de verbos terminados em **-tir** ou **-meter** são escritas com **-miss** ou **-mess**:	admitir/admissão comprometer/compromisso prometer/promessa intrometer/intromissão remeter/remessa percutir/percussão submeter/submissão

Obs.: quando for necessário separar as sílabas, coloca-se um **"s"** em cada sílaba: **pro-ces-so.**

Mais alguns versos do poema "José", de Carlos Drummond de Andrade:

> Se você **gritasse**,
> se você **gemesse**,
> se você **tocasse**
> a valsa **vienense**,
> se você **dormisse**,
> se você **cansasse**,
> se você **morresse**...

4. Os adjetivos podem ser flexionados em graus. O superlativo sintético indica que a qualidade está expressa em seu maior grau. As formas desse grau superlativo são grafadas com "ss".

Escrevem-se com "ss" muitos adjetivos no grau superlativo sintético	
amável	amabilíssimo
bom	boníssimo
cruel	crudelíssimo
doce	dulcíssimo
fiel	fidelíssimo
frio	friíssimo ou frigidíssimo
magnífico	magnificentíssimo
magro	magríssimo (ou macérrimo e magérrimo)
mau	péssimo
nobre	nobilíssimo
pobre	pobríssimo (ou paupérrimo)
rico	riquíssimo
sagrado	sacratíssimo
sábio	sapientíssimo

Esclarecimentos e curiosidades

Saiba mais

a) Alguns vocábulos de origem árabe: cetim, açucena, açúcar.

b) Alguns vocábulos de origem tupi e africana: cipó, Juçara, caçula, cachaça, cacique, Paraguaçu, Turiaçu, paçoca.

c) Observe como são escritos os seguintes homônimos:

seção	→	(setor, departamento)
sessão	→	(de cinema)
secção	→	(corte, parte, de seccionar/partir)
cessão	→	(doação, de ceder)

d) Veja a diferença e não erre mais!

- Se eu **cantasse**...   → (imperfeito do subjuntivo)
- **Canta-se** muito no auditório.   → (sujeito indeterminado)

- Se eu **soubesse** que você viria...   → (imperfeito do subjuntivo)
- **Soube-se** que ele fugiu da prisão.   → (sujeito indeterminado)

- Se eu **partisse** cedo, chegaria na hora.   → (imperfeito do subjuntivo)
- **Parte-se** do marco-zero da cidade.   → (sujeito indeterminado)

- Se eu **pusesse** o casaco, não sentiria frio. → (imperfeito do subjuntivo)
- **Pôs-se** a chorar.   → (pretérito perfeito do indicativo)

e) Escrevem-se com "s" e não com "c/ç" as palavras substantivadas derivadas de verbos com radicais em -nd, -rg, -rt, -pel, -corr e -sent. pretender/pretensão, expandir/expansão, ascender/ascensão, inverter/inversão, aspergir/aspersão, submergir/submersão, divertir/diversão, impelir/impulsivo, compelir/compulsório, repelir/repulsa, recorrer/recurso, discorrer/discurso, sentir/sensível, consentir/consensual.

Divirta-se com alguns trava-línguas:

- A vida é uma sucessiva sucessão de sucessões que se sucedem sucessivamente, sem suceder o sucesso.
- Essa pessoa assobia, enquanto amassa e assa a massa da paçoca de amendoim.
- Você sabia que o sabiá sabia assobiar?
- Tecelão tece o tecido em sete sedas de Sião. Tem sido a seda tecida na sorte do tecelão.

- Se o papa papasse papa. Se o papa papasse pão. Se o papa tudo papasse, seria um papa-papão.
- A eleição à presidência de nossa organização deveria ser uma conjunção de interesses, em que compromissos assumidos não excedessem a inversão de valores éticos, nem a pretensão de ascensão e expansão social, num consenso geral, sem exceções ou excessos na disputa dessa importantíssima posição na empresa.
- A retenção de água ou sua abstenção podem causar alterações na função de alguns órgãos e mesmo a depressão. Por isso, o conselho dos profissionais da saúde é que estejamos sempre com nossa atenção voltada para mudanças que podem ser importantíssimas à nossa pretensão de viver bastante.
  - Se eu tagarelasse, tu tagarelarias.
    Se tu tagarelasses, eu tagarelaria.
    Se ele tagarelasse, ela tagarelaria.
    Se nós tagarelássemos, vós tagarelaríeis.
    Se vós tagarelásseis, nós tagarelaríamos.
    Se eles tagarelassem, elas tagarelariam.

 **Obs.:** Leia muitíssimo, escreva com correção e decore pouquíssimo!

USO DE "X/CH", "J/G", "E/I", "O/U"

Nesta seção, vamos tratar de quatro situações que suscitam muitas dúvidas em quem pretende construir um texto com correção no seu dia a dia:
- o uso de "x/ch", com som de "xê": fecho/feixe;
- o uso de "g/j", com som de "jê": anjinho/angélico.

Vamos relacionar, também, termos cuja grafia constantemente deixa o leitor em situação constrangedora, muitas vezes atrapalhando o desenvolvimento de seu trabalho. São os seguintes casos:
- o uso de "e/i": periquito ou piriquito? Umedecer ou umidecer?
- o uso de "o/u": costume ou custume? Polir ou pulir? Soar ou suar?

Há muitas regras para o uso dessas letras nos vocábulos da língua portuguesa escrita no Brasil. Vamos destacar algumas de aplicação mais corrente:

GRUPO 1: a representação do som "xê"

Podemos representar este som de duas formas: com "x" ou com "ch".

Com "x"	
• Em certas palavras de origem **estrangeira**	do árabe: almoxarifado, enxaqueca, xadrez do tupi: abacaxi, capixaba, macaxeira de língua africana: Caxambu do inglês: xampu, xerife
• Depois de **ditongo**	baixo, caixote, faixa, queixa, apaixonado, peixinho
• Depois de **me-** inicial	mexido, mexerico, mexicana, mexerica
• Depois de **en-** inicial	enxadão, enxofre, enxurrada, enxugou

Exceção: quando o prefixo "en" se junta a palavras iniciadas por "ch", não se usa "x".
- encher, enchimento (de cheio)
- encharcar , encharcado (de charco)

Com "ch"	
• Em certas palavras de origem **estrangeira**	do inglês: sanduíche do italiano: salsicha do alemão: chope do francês: chapéu

Agora, preste atenção ao uso de "x" e "ch" nos homônimos:

Com "ch"	Com "x"
brocha (prego)	broxa (pincel)
bucho (estômago)	buxo (arbusto – buxinho)
chá (bebida ou planta)	xá (antigo rei da Pérsia – atual Irã)
chácara (pequena propriedade)	xácara (história popular)
cheque (documento de banco)	xeque (termo do jogo de xadrez)

facha (cara, rosto)	faixa (tira, cinto)
luchar (sujar)	luxar (machucar)
tachar (censurar, definir)	taxar (impor imposto)
tachinha (pequeno prego)	taxinha (pequeno imposto)
cocho (vasilha onde come o gado)	coxo (manco)

Divirta-se com alguns trava-línguas com uso de "x" e "ch"!

- Chupa cana chupador de cana na cama chupa cana chuta cama cai no chão.
- Caixa de graxa grossa de graça.
- Chega de cheiro de cera suja.
- Cozinheiro cochichou que havia cozido chuchu chocho num tacho sujo.

GRUPO 2: a representação do som "jê"

Podemos representar este som de duas formas: com "j" ou com "g".

Com "j"	
• Em certas palavras de **origem árabe**, tupi-guarani, africana e latina	do árabe: alforje do tupi: biju, jacaré, jabuticaba, jiboia, pajé de língua africana: acarajé do latim: jeito, majestade, hoje
• Nos **verbos terminados em -jar** e em suas formas conjugadas	arranjar/arranjou/arranjado sujar/sujei/sujado viajar/viajou/viajado
• Em **palavras que derivam de outras que já têm "j"**	canja/canjica nojo/nojeira rijo/rijeza laranja/laranjal
• Quando houver a **terminação -aje**	laje, traje, ultraje

Obs.: preste atenção à grafia correta das seguintes palavras: viagem – viajar – viajante.

Nos versos a seguir, retirados da canção "Januária", observe o uso de "g", "j" e "ch":

> Toda gente homenageia
> Januária na janela
> Até o mar faz maré cheia
> Pra chegar mais perto dela
>
> (HOLLANDA, Chico Buarque de. "Januária". *Chico Buarque de Hollanda*. v. 3. CD. Som Livre, 2006.)

Com "g"	
• Na maior parte das palavras com **terminações em -agem, -igem, -ugem, -ege, -oge**	garagem, fuligem, ferrrugem, bege, foge
• Em palavras com **terminações em -ágio, -égio, -ígio, -ógio,-úgio**	pedágio, colégio, prodígio, relógio, refúgio
• Em palavras que **derivam de outras que já têm "g"**	evangelho/evangelizar vertigem/vertiginoso
• Em verbos **terminados em -ger e -gir**	eleger, reger, fugir, rugir
• Em **grande parte dos casos depois de "r"**	argila, Virgínia, virgem
• Depois de **a- inicial**	agenda, agitado, agilidade
Exceção: palavras que derivam de outras com "j": • a + jeito + ar = ajeitar	

Nos versos a seguir, retirados da canção "Domingo no parque", observe o efeito sonoro do uso do "g" e do "j":

> O rei da brincadeira – ê **José**
> O rei da confusão – ê **João**
> Um trabalhava na feira – ê **José**
> Outro na construção – ê **João**

A semana passada, no fim da semana,
João resolveu não **brigar**.
No **domingo** de tarde saiu apressado
E não foi pra Ribeira **jogar**
Capoeira.
Não foi pra lá, pra Ribeira,
Foi namorar.

O **José**, como sempre, no fim da semana
Guardou a barraca e sumiu.
Foi fazer, no **domingo**, um passeio no parque,
Lá perto da Boca do Rio.
Foi no parque que ele avistou
Juliana,
Foi que ele viu
Juliana na roda com **João**,
Uma rosa e um sorvete na mão.
Juliana, seu sonho, uma ilusão,
Juliana e o **amigo João**.

(Gil, Gilberto. "Domingo no parque". *20 músicas do século xx: Tropicália: Gilberto Gil*. CD. Millennium, s/d.)

Divirta-se com alguns trava-línguas com uso de "j" e "g"!

- A naja egípcia gigante age e reage hoje, já.
- Joguei o jogo no jóquei João.
- O júri jurou ante os jurados.
- Jurema jogou a jarra no jacaré.
- Eu congelo a água gelada com gelo que tem selo à prova d'água.
- Um pé de gabiroba bem gabirobadinho, quem bem o desingabirobasse bom desengabirobador seria.
- O prestidigitador prestativo está prestes a fazer uma prestidigitação prodigiosa e prestigiosa.
- Eu não ligo para a Liga,
  Porque a Liga não me liga.
  Se a Liga me ligasse,
  Eu ligava para a Liga.
  Mas como a Liga não me liga,
  Eu não ligo para a Liga.

GRUPO 3: quando usar "e" ou "i"

Uso de "e" ou "i"	
• **Ditongos nasais** são escritos com "e"	mãe, põe (exceção: câimbra)
• Nos **prefixos ante-** (anterior) e **anti-** (contrário)	antepassado, antevéspera anticoncepcional, antidemocrático
• **-eano**: nas palavras derivadas de outra que já tem -e em seu radical (-eia)	Coreia: coreano Pompeia: pompeano Boraceia: boraceano
• **-iano**: o "i" é vogal de ligação entre uma palavra primitiva mais um sufixo que formará outra palavra	Aníbal: Aníbal + i + ano: anibaliano Machado: Machado + i + ano: machadiano
• Nas **terminações -oe, -ue:** no presente do subjuntivo de verbos terminados em -oar ou -uar, usa-se "e"	abençoar: que ele abençoe perdoar: que ele perdoe atuar: que ele atue recuar: que ele recue
• Nas **terminações -ai, -ói e - ui:** no presente do indicativo de verbos terminados em -air, -oer e -uir, usa-se "i"	trair: ele trai contrair: ele contrai construir: ele constrói destruir: ele destrói diminuir: ele diminui poluir: ele polui
• Na **terminação -ear:** verbos no indicativo em -eio e -eias	semear: eu semeio, tu semeias
• Na terminação **-iar:** verbos no indicativo em -io e -ias	adiar: eu adio, tu adias

Exceções:
- ansiar: anseia
- incendiar: incendeia
- mediar: medeia
- odiar: odeia
- remediar: remedeia

É preciso prestar atenção ao uso de "e" e "i" nos parônimos:

Com "e"	Com "i"
área (superfície)	ária (cantiga)
deferir (conceder)	diferir (divergir)
delatar (denunciar)	dilatar (estender)
descriminar (tirar a culpa)	discriminar (diferenciar)
despensa (lugar para guardar alimentos)	dispensa (ato de dispensar, liberar)
destratar (insultar)	distratar (desfazer um contrato)
devagar (com lentidão)	divagar (dispersar, vaguear)
emergência (de emergir, subir; situação crítica)	imergência (de imergir, afundar)
emigração (saída de um local)	imigração (entrada em um local)
eminência (excelência)	iminência (proximidade)
eminente (importante – pessoa)	iminente (próximo – acontecimento)
peão (operário da construção civil)	pião (brinquedo de rodopiar)
recreação (diversão)	recriação (nova criação)

Obs.: preste atenção à grafia correta das seguintes palavras: digladiar – disenteria – eletricista – empecilho – invólucro – irrequieto – meritíssimo – prevenir – privilégio – réstia – umedecer.

GRUPO 4: quando usar "o" ou "u"

Uso de "o" ou "u"	
• No fim de palavras com **"os"** ou **"us"**	"os": meios, tribos, quilos (caso mais comum) "us": bônus, vírus (caso mais raro)
• Nas terminações -**oa**, -**ola**, -**olo**	mágoa, agrícola, êmbolo
• Nas terminações -**ua**, -**ula**, -**ulo**	trégua, trêmula, pêndulo
• Usa-se "u" nos **ditongos**: **au, éu, eu, iu, ou**	mau, céu, meu, caiu, vou

Obs.: é opcional o uso de "ou" ou "oi" em certas palavras. No Brasil é mais comum o uso de "oi" e em Portugal, o uso de "ou" (ex.: cousa/coisa; dourado/doirado; loura/loira).

Síntese

Com "x"	Com "ch"	Com "j"	Com "g"
abacaxi	apetrecho	ajeitar	abordagem
afrouxar	bochecha	anjinho	agiota
ameixa	boliche	berinjela	agir
baixada	cachaça	canjica	algema
bexiga	cachimbo	cerejeira	angélico
bruxa	cartucheira	encorajar	Ângela
caixão	chafariz	gorjear	digerir
encaixe	chimarrão	gorjeta	estrangeiro
enfaixar	chope	injeção	evangelho
engraxate	chuchu	jeito	fuligem
enxada	chumaço	jequitibá	garagem
enxoval	cochilar	jesuíta	gengibre
esdrúxulo	colcha	jiló	gerânio
faxina	comichão	laje	gergelim
frouxo	debochar	lojista	gesso
lagartixa	espichar	majestade	herege
macaxeira	fecho	manjericão	megera
mexer	flecha	projeção	monge
pixaim	inchar	rejeição	ogiva
puxar	machucar	sarjeta	rígido
Quixote	mecha (de cabelo)	ultraje	selvagem
relaxar	mochila	varejista	tigela
vexame	pechincha	viajar (que eles	vagem
xale	rachar	viajem)	vargem
xará	salsicha		(a) viagem
xarope	tocha		Virgínia
xícara			

Com "e"	Com "i"	Com "o"	Com "u"
abotoe	açoriano	abolir	acudir
acreano	adiantar	amêndoa	bônus
aéreo	ansiar	amontoar	bueiro
antecipar	antipatia	boate	bulir
área (superfície)	arriar	bolacha	burburinho
beduíno	cerimônia	boteco	camundongo
beneficência	cesariana	botequim	cumbuca
cadeado	cimento	caçoar	cumprido (feito)
campeão	crânio	comprido (longo)	cúpula

cedilha	disfarce	costume	cutia
coreano	disparate	dormir	elucubração
deformar	esquisito	embolia	entupir
delação	intitular	encobrir	escapulir
elucidar	intoxicar	engolir	fêmur
empecilho	invés (ao... de)	focinho	jabuti
encabular	júri	goela	jabuticaba
enseada	lampião	mágoa	léu (ao)
falsear	malcriado	maometano	muamba
heterogêneo	meritíssimo	moleque	muçulmano
irrequieto	oásis	mosquito	murmurinho
mexerico	pátio	nódoa	ônus
náusea	penicilina	poleiro	pirulito
paletó	pontiagudo	polenta	rebuliço
penico	premiar	polir	sinusite
periquito	rapaziada	romeno	suar (transpirar)
petisco	remediar	soar (tocar)	supetão (de)
rédea	umbilical	sotaque	tábua
umedecer	wagneriano	tossir	trégua
		zoar	vírgula

USO DE ABREVIATURAS E SIGLAS

Você, com certeza, conhece os significados das expressões abaixo:

- ABI (Associação Brasileira de Imprensa)
- FUVEST (Fundação Universitária para o Vestibular)
- ANVISA (Agência Nacional de Vigilância Sanitária)
- Dr. (doutor)
- Prof. (professor)
- V. Ex.ª (Vossa Excelência)

Apresentação de abreviaturas e siglas

Nossa maior dificuldade não reside em compreender formas abreviadas de expressão, mas em registrá-las por escrito quando estamos compondo um texto.

Vamos ver a ortografia de abreviaturas e siglas, formas simples, mas muito úteis no nosso dia a dia de escritores.

Tanto as abreviaturas como as siglas atualmente são formas bastante dinâmicas. Surgem novas a cada dia. Ao utilizar o MSN (Microsoft Service Network), o Orkut (engenheiro turco, Orkut Buyukkokten) ou enviar mensagens pelo seu celular, você não está preocupado com regras já estabelecidas de abreviação de palavras. Consequentemente, acaba criando novas modalidades abreviadas para facilitar sua comunicação.

Esta é exatamente a função das abreviaturas e siglas: economia de tempo e de espaço em nossa comunicação. Para textos formais existem, no entanto, regras gramaticais estabelecidas que devemos conhecer. Vamos apresentar as mais usuais. Para iniciar, seguem algumas definições preliminares:

Abreviar significa encurtar, reduzir uma extensão.
Portanto, *abreviatura* é uma forma reduzida de um termo completo.
Consiste em usar partes de uma palavra para representar seu todo (Srª. = senhora).

Sigla é um tipo especial de abreviatura. São selecionadas letras iniciais de uma expressão para representá-la (ABNT: Associação Brasileira de Normas Técnicas).

Abreviaturas

• Geralmente terminam em consoantes seguidas de ponto	abrev.	(abreviatura)
	adj.	(adjetivo)
	Med.	(Medicina)
• Podem terminar em vogal	ago.	(agosto)
	cia.	(companhia)
• Símbolos científicos não recebem ponto	O	(oxigênio)
	Fe	(Ferro)
	Hg	(mercúrio)
• Conserva-se a acentuação	gên.	(gênero)
	próx.	(próximo)
• O plural pode ser marcado de duas formas: com acréscimo de "s" ou com letras dobradas	As ou AA	(autores)
	págs. ou pp.	(páginas)
• Dupla possibilidade	p. ou pág.	(página)
	a.C. ou A.C.	(antes de Cristo)

Para trabalhos acadêmicos, existem regras especiais, definidas pelas NBrs (normas brasileiras) da ABNT (Associação Brasileira de Normas Técnicas):

ABNT – abreviaturas		Páginas		Meses
1. ed.	1ª edição	p.	página ou páginas	jan.
cf.	confira, confronte	p. 35	número da página	fev.
ed.	edição	p. 9; 10; 15	páginas em sequência	mar.
et al.	e outros (autores)	p. 9-15	intervalo entre a página	abr.
Em:	em; dentro de		9 e a 15	maio
	uma obra maior	250 p.	quantidade de páginas	jun.
n.	número			jul.
org.	organização			ago.
s/d.	sem data			set.
sel.	seleção			out.
trad.	tradução			nov.
v.	volume			dez.

ABNT (abreviaturas em latim)	
Idem – id.	(mesmo autor)
Ibidem – ibid	(na mesma obra)
Opus citatum – op. cit.	(obra citada)
Passim – passim	(aqui e ali, em diversas passagens)
Loco citado – loc. cit.	(no lugar citado)
Sequentia – et seq.	(seguinte ou que se segue)
Apud – apud	(citado por, conforme, segundo)

Os **pronomes de tratamento** também são usados em sua forma abreviada. Alguns exemplos:

- Vossa Excelência: V. Exª.
- o senhor: Sr.
- Professor: Prof.
- Doutor: Dr.

Siglas

• Podem ser compostas pelas **letras** iniciais maiúsculas das partes do nome	**SP** **CEP**	(São Paulo) (Código de Endereçamento Postal)
• Podem ser compostas pelas **sílabas** iniciais das partes do nome	**EMBRATEL**	(**EM**presa **BRA**sileira de **TEL**ecomunicações)
• Outras variantes: a seleção de letras ou sílabas, às vezes, segue critérios diversos dos estabelecidos	**FUVEST** **CONMEBOL** **PTdoB**	(**FU**ndação para o **VEST**ibular) (**CON**federação Sul-**AME**ricana de Fute**BOL**) (**P**artido Trabalhista **DO B**rasil)

Vamos relembrar algumas siglas de **partidos políticos brasileiros**:

Partidos políticos ativos	
DEM	Democratas
PCB	Partido Comunista Brasileiro
PCdoB	Partido Comunista do Brasil
PCO	Partido da Causa Operária
PDT	Partido Democrático Trabalhista
PHS	Partido Humanista da Solidariedade
PMDB	Partido do Movimento Democrático Brasileiro
PMN	Partido da Mobilização Nacional
PP	Partido Progressista
PPS	Partido Popular Socialista
PR	Partido da República
PRB	Partido Republicano Brasileiro
PRP	Partido Republicano Progressista
PRTB	Partido Renovador Trabalhista Brasileiro
PSB	Partido Socialista Brasileiro
PSC	Partido Social Cristão
PSDB	Partido da Social Democracia Brasileira
PSDC	Partido Social Democrata Cristão
PSL	Partido Social Liberal
PSOL	Partido Socialismo e Liberdade
PSTU	Partido Socialista dos Trabalhadores Unificado
PT	Partido dos Trabalhadores

PTB	Partido Trabalhista Brasileiro
PTC	Partido Trabalhista Cristão
PTdoB	Partido Trabalhista do Brasil
PTN	Partido Trabalhista Nacional
PV	Partido Verde
Em processo de legalização	
PF	Partido Federalista
PE	Partido dos Esportes
PH	Partido Humanista
PNC	Partido Nacional do Consumidor
PND	Partido Nacionalista Democrático
PPC	Partido Progressista Cristão
PRVP	Partido de Representação da Vontade Popular
PN	Partido Nacionalista Brasileiro
LIBER	Libertários
PC	Partido Cristão

Vamos relembrar algumas siglas relativas às várias modalidades esportivas:

AFFA	Associação de Federações de Futebol do Azerbaijão
AGFIE	Associação Geral das Federações Internacionais dos Esportes
APD	Associação Portuguesa de Desportos
ASSU	Associação Sportiva Sociedade Unida
CBF	Confederação Brasileira de Futebol
COI	Comitê Olímpico Internacional
CONMEBOL	Confederação Sul-Americana de Futebol
FISU	Federação Internacional do Esporte Universitário
FPJ	Federação Paulista de Judô
FPF	Federação Paulista de Futebol
FPX	Federação Paulista de Xadrez
LPFA	Liga Paulista de Futebol Americano
ODEPA	Organização Desportiva Pan-Americana
SCCP	Sport Club Corinthians Paulista
SEP	Sociedade Esportiva Palmeiras
SFC	Santos Futebol Clube
SPFC	São Paulo Futebol Clube
STJD	Superior Tribunal de Justiça Desportiva

Exemplos da internet

Ajax	Asyncronous Javascript and XML (Javascript e XML assíncronos)
ARPANET	Advanced Research Projects Agency NETwork (Agência de Pesquisas em Projetos Avançados – da Defesa Americana)
BBS	Bulletin Board System (provedor por via telefônica: antecessor da web)
BITNET	Because It's Time NETwork ("Está na hora de fazer uma rede")
blog	weblog, blog ou blogue: uma página da web cujas atualizações (chamadas posts) são organizadas cronologicamente de forma inversa, como um diário
FTP	File Transfer Protocol (Protocolo de Transferência de Arquivos)
http	HyperText Transfer Protocol (Protocolo de Transferência de Hipertexto)
TCP/IP	Transmission Control Protocol/Internet Protocol (Protocolo de Controle de Transmissão/Protocolo de Internet)
URL	Uniform Resource Locator (Identificador-Padrão de Recursos)
web/network	rede/teia
wiki	Wiki wiki significa "super-rápido" no idioma havaiano.
www	World Wide Web (Rede de Alcance Mundial)

Para finalizar, leia os textos a seguir e preste atenção às formas abreviadas neles utilizadas:

 **1.** "**MEC** divulga resultados do Enade" – [...] Esses cursos alcançaram a nota máxima (cinco) nos três principais conceitos do exame: nota do **Enade**, **IDD** (Indicador de Diferenças entre o Esperado e o Observado) e o **CPC** (Conceito Preliminar do Curso). A última modalidade, a mais recente delas, leva em consideração 40% da nota do Enade, 30% da nota do IDD e 30% parte da avaliação dos professores e da infraestrutura da instituição."

Enade: Exame Nacional de Desempenho de Estudantes

MEC: Ministério da Educação

IDD: Indicador de Diferenças entre o Esperado e o Observado

CPC: Conceito Preliminar do Curso

(Disponível em: Universia – http://www.universia.com.br/gestor/materia. jsp?materia=16441. Publicado em 6 ago. 2008. Acesso em 22 jul. 2010)

2. "**ANAC** vai recorrer de liminar que impede supensão da **VarigLog**."

(*O Estado de S. Paulo*, Economia, 8 jul. 2008, p. B8)

ANAC: Agência Nacional de Aviação Civil

VarigLog: Varig – Logística

3. "Obelisco segue sem previsão de reabertura: [...] Inaugurado em 9 de julho de 1955, o Obelisco tem 72 metros de altura e guarda os restos mortais de ex-combatentes e dos 4 estudantes mortos em um protesto contra o primeiro governo de Getúlio Vargas (1930-1934). Das iniciais desses estudantes saiu a sigla **MMDC** (Martins, Miragaia, Dráusio e Camargo)."

(*O Estado de S. Paulo*, Cidades/Metrópole, p. C6 , 8 jul. 2008)

4. "A Justiça Federal viu elementos para Dilma Roussef (Casa Civil) e Tarso Genro (Justiça) serem investigados no inquérito da **PF** que apura o vazamento do dossiê sobre gastos do governo **FHC** e remeteu o caso ao **STF**."

(*Folha de S.Paulo*, 8 jul. 2008, p. A1)

PF: Polícia Federal

FHC: Fernando Henrique Cardoso

STF: Supremo Tribunal Federal

3

FORMAÇÃO DO PLURAL

- O que é flexão em número?
- Existe uma regra geral para se fazer o plural das palavras?

Os substantivos e os adjetivos podem sofrer flexões em número. Isso significa que assumem formas diferentes quando estão no singular ou no plural.

REGRA GERAL

a) Acrescenta-se um "s" aos nomes/substantivos terminados em vogal.
Ex.: livro/livros; menina/meninas; pé/pés; bisturi/bisturis; lei/leis; urubu/urubus; lagoa/lagoas.

b) Acrescenta-se "es" às palavras terminadas em consoante.
Ex.: rapaz/rapazes; dor/dores flor/flores; capuz/capuzes.

A seguir, outras regras derivadas da regra geral.

PLURAIS IRREGULARES

1. Algumas palavras têm a sílaba tônica mudada de posição quando vão para o plural:

Singular	Plural
júnior	juniores
sênior	seniores
caráter	caracteres

2. Vocábulos oxítonos ou monossílabos terminados em -s: formam o plural com acréscimo de -es:

Singular	Plural
gás	gases
obus	obuses
mês	meses
país	países

Quando paroxítonos ou proparoxítonos, são invariáveis e a indicação de número passa a depender de um artigo ou outro determinante:

Singular	Plural
um lápis	dois lápis
o atlas	os atlas
algum ônibus	vários ônibus
o pires	os pires
o vírus	os vírus
o cais	os cais

3. Vocábulos terminados em -al, -el, -ol, -ul: no plural troca-se o -l por -is:

Singular	Plural
jornal	jornais
bedel	bedéis
anzol	anzóis
azul	azuis

4. Vocábulos terminados em -il: troca-se o -l para -s quando oxítonos:

Singular	Plural
fuzil	fuzis
Brasil	Brasis
funil	funis
barril	barris

5. Vocábulos terminados em -il: troca-se o -il para -eis quando paroxítonos:

Singular	Plural
projétil	projéteis
retrátil	retráteis
fértil	férteis
débil	débeis

Exceções: mal/males; cônsul/cônsules.

6. Vocábulos terminados em -m fazem o plural com -ns:

Singular	Plural
nuvem	nuvens
álbum	álbuns
jovem	jovens
homem	homens

7. Vocábulos terminados em -x são invariáveis:

Singular	Plural
o tórax	os tórax
o clímax	os clímax
a xerox	as xerox

8. Vocábulos terminados em -ão podem ser flexionadas de formas diferentes em -ãos, -ões, -ães:

Singular	Plural
mão	mãos
mamão	mamões
pão	pães

Obs.: Há casos em que se aceita mais de uma forma, sendo preferível o plural em -ões:

Singular	Plural
alcorão	alcorões, alcorães
aldeão	aldeões, aldeães, aldeãos
anão	anões, anãos
ancião	anciões, anciães, anciãos
charlatão	charlatões, charlatães
cirurgião	cirurgiões, cirurgiães
corrimão	corrimões, corrimãos
ermitão	ermitões, ermitães, ermitãos
faisão	faisões, faisães
guardião	guardiões, guardiães
peão	peões, peães
pião	piões, piães, piãos
refrão	refrães, refrãos
verão	verões, verãos
vilão	vilões, vilães, vilãos
vulcão	vulcões, vulcãos

9. Os diminutivos em -zinho (-zito) fazem o plural da seguinte forma: plural da palavra primitiva sem o "s" + o plural do sufixo -zinhos (-zitos)

botão-zinho	→	(botõe + zinhos = botõezinhos)
balão-zinho	→	(balõe + zinhos = balõezinhos)
pão-zinho	→	(pãe + zinhos = pãezinhos)
papel-zinho	→	(papei + zinhos = papeizinhos)
pastel-zinho	→	(pastei+ zinhos = pasteizinhos)
anzol-zinho	→	(anzoi + zinhos = anzoizinhos)
colar-zinho	→	(colare + zinhos = colarezinhos)
flor-zinha	→	(flore + zinhas = florezinhas)

Obs.:

a) Quando a palavra terminar em -r, a língua portuguesa do Brasil prefere a forma não culta, ou seja, apenas o plural da forma derivada:

barzinho	→	barzinhos
colarzinho	→	colarzinhos
colherzinha	→	colherzinhas
florzinha	→	florzinhas
mulherzinha	→	mulherzinhas

b) Quando a raiz da palavra terminar em -z, faz-se o diminutivo acrescentando-se -inha e -s, no plural:

luz	→	luz-inha-s
cruz	→	cruz-inha-s

10. Plural metafônico: ocorre quando o timbre fechado do singular torna-se aberto no plural: singular (ô) – plural (ó).

Singular	Plural
aposto	apostos
caroço	caroços
corpo	corpos
corvo	corvos
esforço	esforços
fogo	fogos
imposto	impostos
miolo	miolos
osso	ossos
poço	poços
porto	portos
povo	povos
socorro	socorros
forno	fornos
jogo	jogos
olho	olhos
ovo	ovos
porco	porcos
posto	postos
reforço	reforços
tijolo	tijolos

Atenção: as palavras acordos, almoços, bolos, bolsos, choros, confortos, contornos, dorsos, esboços, esgotos, esposos, estojos, ferrolhos, globos, gostos, gozos, rolos, repolhos, toldos etc. **não mudam o timbre**. São pronunciadas de forma fechada.

11. **Siglas**: O plural de siglas deve ser registrado apenas com o acréscimo de "s":

- BTNs, CDs, CEPs, CPFs, DARFs, DVDs, IPVAs, IPTUs.

 Jamais utilizar apóstrofo antes do "s" (influência do caso genitivo da língua inglesa – *genitive case* –, índice de posse).

PALAVRAS SIMPLES E COMPOSTAS

a) **Vocábulos compostos sem hífen** têm seu plural como os vocábulos simples:

Singular	Plural
autoescola	autoescolas
aguardente	aguardentes
agroindústria	agroindústrias
antessala	antessalas
girassol	girassóis
contrarregra	contrarregras
malmequer	malmequeres
microprocessador	microprocessadores
pernilongo	pernilongos
pontapé	pontapés
ultrassonografia	ultrassonografias

b) **Substantivos**, **adjetivos**, **numerais** e **pronomes sem preposição** ficam com os dois termos flexionados.

Singular		Plural
primeiro-ministro →	(numeral + substantivo)	primeiros-ministros
sexta-feira →	(numeral + substantivo)	sextas-feiras
amor-perfeito →	(substantivo + adjetivo)	amores-perfeitos
longa-metragem →	(adjetivo + substantivo)	longas-metragens
Vossa Senhoria →	(pronome + substantivo)	Vossas Senhorias
Nossa Senhora →	(pronome + substantivo)	Nossas Senhoras

c) **Termos ligados por preposição**, só se flexiona o primeiro elemento.

Singular	Plural
mula sem cabeça	mulas sem cabeça
água de coco	águas de coco
pé de moleque	pés de moleque
pão de ló	pães de ló
cavalo de pau	cavalos de pau

d) Não se flexionam os verbos e palavras invariáveis:

Singular		Plural
vira-lata	→ (verbo + substantivo)	vira-latas
guarda-roupa	→ (verbo + substantivo)	guarda-roupas
beija-flor	→ (verbo + substantivo)	beija-flores
alto-falante	→ (advérbio + substantivo)	alto-falantes
contra-ataque	→ (preposição + substantivo)	contra-ataques

Atenção: são invariáveis os substantivos formados por:
- **verbo + advérbio:**
  o bota-fora/os bota-fora; o chora-muito/os chora-muito; o anda-devagar/os anda-devagar;
- **verbo + substantivo no plural:**
  o saca-rolhas/os saca-rolhas; o borra-botas/os borra-botas.

e) **Vocábulos repetidos ou onomatopaicos**, só o segundo elemento é flexionado:

Singular	Plural
pingue-pongue	pingue-pongues
reco-reco	reco-recos
teco-teco	teco-tecos
tique-taque	tique-taques

f) Quando o **segundo elemento do vocábulo** composto limita, determina ou especifica **tipo ou função** do primeiro, só o primeiro elemento é flexionado:

Singular	Plural
palavra-chave	palavras-chave
bomba-relógio	bombas-relógio
caneta-tinteiro	canetas-tinteiro
fruta-pão	frutas-pão
notícia-bomba	notícias-bomba
homem-rã	homens-rã
peixe-espada	peixes-espada
peixe-boi	peixes-boi

Obs.: couve-flor e banana-maçã aceitam duas formas de plural:
- couve-flor/couves-flor ou couves-flores;
- banana-maçã/bananas-maçã ou bananas-maçãs.

g) **Formas reduzidas**, só se flexiona o segundo elemento:

Singular	Plural
bel-prazer	bel-prazeres
grã-duquesa	grã-duquesas
grão-duque	grão-duques

h) Casos especiais:

Singular	Plural
o louva-a-deus	os louva-a-deus
o bem-te-vi	os bem-te-vis
o bem-me-quer	os bem-me-queres
o joão-ninguém	os joões-ninguém
Verbos antitéticos, com sentidos opostos	
o perde-ganha	os perde-ganha
o leva e traz	os leva e traz
o para-anda	os para-anda
Subentende-se a palavra pessoa	
o fora da lei	os fora da lei
o fora de série	os fora de série
o sem-teto	os sem-teto
o sem-vergonha	os sem-vergonha

PRONOMES

O pronome pertence a uma classe de palavras que, se isoladas, não têm sentido próprio, seu significado surge da função que exerce no texto. Ele substitui, acompanha, faz referência ou relaciona nomes. Por isso, pode exercer as mais diversas funções no discurso e, também, gerar muitos problemas quanto a seu uso.

Veja, a seguir, como o compositor brinca com os termos **tu** e **você**, muitas vezes usados inadequadamente tanto na linguagem escrita quanto na oral.

"Eu te amo você"
Acho que eu não sei não
Eu não queria dizer
Tô perdendo a razão
Quando a gente se vê
Mas tudo é tão difícil
Que eu não vejo a hora
Disso terminar
E virar só uma canção
Na minha guitarra
Eu te amo você
(ZAMBIANCHI, Kiko. "Eu te amo você". Interpr. Marina Lima. *Todas*. CD. Universal, 1998.)

O PRONOME PESSOAL

Os pronomes pessoais referem-se às três pessoas do discurso:

Pronomes pessoais				
Número	**Pessoas**	**Pronomes retos**	**Pronomes oblíquos**	
			Átonos	Tônicos
Singular	1ª pessoa	eu	me	mim, comigo
	2ª pessoa	tu	te	ti, contigo
	3ª pessoa	ele/ela	o, a, lhe, se	ele, ela, si, consigo
Plural	1ª pessoa	nós	nos	nós, conosco
	2ª pessoa	vós	vos	vós, convosco
	3ª pessoa	eles/elas	os, as, lhes, se	eles, elas, si, consigo

Pronome pessoal reto

Normalmente tem a função de sujeito:

Singular	Plural
Eu sei que nada sei.	**Nós** sabemos que nada sabemos.
Tu sabes que nada sabes.	**Vós** sabeis que nada sabeis.
Ele sabe que nada sabe.	**Eles** sabem que nada sabem.

No Brasil, é comum utilizarmos **você/vocês** em lugar de **tu/vós**. Utilizamos também "**a gente**" (atenção: escreve-se separadamente) em lugar de **nós**. Seja no singular ou no plural, as três formas pedem o verbo na terceira pessoa.

Tu achas que vais conseguir o emprego?
Você acha que vai conseguir o emprego?
A gente sabe que nada sabe? (coloquial)
Vocês sabem que nada sabem?

Pronome pessoal oblíquo

Este pronome pode exercer várias funções.

1. Os **pronomes pessoais oblíquos tônicos** são precedidos de preposição e têm função de objeto indireto – complementam verbos transitivos indiretos:
   - Ele deu tudo de **si** para o projeto.
   - Só respondo por **mim**.

Obs.: comigo, contigo, consigo, conosco, convosco são formas que já têm integrada a preposição **com**.

2. Os **pronomes pessoais oblíquos átonos** (o, a, os, as, me, te, se, lhe, lhes, nos, vos) complementam:
   - verbos não regidos por preposição:
     Eu vi eles./Eu **os** vi ontem no metrô.
   - verbos regidos pelas preposições **a** e **para** não expressas:
     Você telefonou **para** mim?/Você **me** telefonou?

3. Os **pronomes pessoais oblíquos átonos o**, **a**, **os** e **as** pospostos a verbos que terminam por -r, -s e -z derrubam as consoantes e transformam-se em em **lo**, **la**, **los**, **las**.
   - Fazer o/fazê-lo
   - Vou pôr o/Vou pô-lo

Obs.: Se vierem após **ditongo nasal** ou **m**, sofrem alterações como: Viram-**na** andando a esmo.

1. EU/MIM
   - Ele trouxe um livro **para mim.** ("mim" após preposição)
   - Ele trouxe um livro **para eu ler.** ("eu" sujeito do verbo no infinitivo = para que eu lesse)

2. Não pode haver contração das preposições **de** e **em** com pronomes sujeitos:
   - Em lugar **de ela** defender a amiga, começou a chorar.
   - Em lugar **de a Maria** defender a amiga, começou a chorar. (ela e Maria: sujeitos)

3. TE/LHE/O – troca muito comum que se traduz em erros graves:
   Lhe sempre exerce função de objeto indireto, portanto complementa verbos que pedem preposição:
   - Eu vi você no cinema. → certo (ver alguém ou alguma coisa: sem preposição)
   - Eu te vi no cinema. → certo (está se usando a 2ª pessoa)
   - Eu lhe vi no cinema. → errado (**lhe** só pode ser usado com verbos que pedem preposição)
   - Eu lhe dei meu convite. → certo (dar alguma coisa **a** alguém – dei meu convite **a** ele)
   - Conferiram-lhe o título de comendador. → certo (conferiram **a** ele)
   - Escrevi-lhes para dizer o quanto os aprecio. → certo (escrevi **a** eles, aprecio eles)

Pronome pessoal de tratamento

Pronomes de tratamentos, vocativos e outras formas de tratamento

Pronomes de tratamento

São pronomes pessoais com uma característica particular: são de 2ª pessoa, mas usados com as formas verbais da 3ª pessoa. São também chamados de pronomes de segunda pessoa indireta.

Os pronomes de tratamento são empregados no trato cerimonioso quando nos dirigimos às autoridades civis, militares, eclesiásticas e pessoas com quem nos relacionamos no trabalho, nas instituições educacionais ou na família.
Exemplo:
- **Vossa** Excelência **pode** embarcar em seu avião particular.
(O pronome "vós" é de 2ª pessoa, mas sua concordância é com a 3ª.)

Vocativos qualificativos ou formas de endereçamento

Os vocativos qualificativos ou formas de endereçamento são as expressões de saudação que salientam a qualidade da pessoa a quem nos dirigimos. São utilizados nos cumprimentos, requerimentos e correspondências.
- **Excelentíssimo Senhor** Presidente do Congresso Nacional, gostaria de manifestar minha opinião sobre o referido assunto.
- **Senhor Senador**, peço a palavra.

Outras formas de tratamento

Além dos pronomes, existem outras formas de tratamento que expressam o grau de instrução, títulos obtidos ou função hierárquica da pessoa com quem falamos ou de quem falamos.
- **Dr.** Rubens da Silva
(Doutor só deve ser utilizado para médicos ou para os que defenderam tese de doutorado.)
- **Prof. Dr.** Dalton Luís Siqueira
(Professor com título de doutor.)

Formas abreviadas

Pronomes de tratamento, vocativos e outras formas de tratamento podem ter expressões abreviadas correspondentes.
- Exmº. Sr. (Excelentíssimo Senhor)
- V. Exª. (Vossa Excelência)
- Ilmº. (Ilustríssimo)
- Prof. (Professor)
- Drª. (Doutora)

Como utilizar os pronomes de tratamento

1. **Quanto à forma de tratamento**: escolhemos os pronomes de tratamento em função da pessoa – ou pessoas – a quem nos dirigimos. Podem ser:

Vossa/Vosso	quando falamos diretamente com a pessoa que recebe o título	**Vossa Excelência** deseja um chá?
Seu/Sua	quando falamos da pessoa que recebe o título	Será que **Sua Excelência** desejará tomar chá quando chegar?

2. **Quanto ao gênero** (masculino/feminino): a concordância deverá ser relativa ao sexo da pessoa a que nos referimos.
   - Vossa Senhoria será homenagead**o** (homem) em cerimônia oficial.
   - Vossa Excelência será convidad**a** (mulher) para a cerimônia oficial.

3. **Quanto ao número** (singular/plural): os nomes e seus determinantes, bem como os verbos, devem estar sempre na 3ª pessoa do singular ou do plural. Atenção aos exemplos seguintes, veja como os possessivos vão sempre para a 3ª pessoa.
   - **Vossa Excelência** (V. Exª.) é extremamente caridos**o(a)**. **Sua** atenção é gratificante.
   - **Vossas Excelências** (V. Exªs.) são extremamente caridos**os(as)**. **Sua** atenção é gratificante.
   - **Vossa Senhoria** (V. Sª.) está ocupad**o(a)**? **Sua** agenda parece cheia.
   - **Você** está machucad**o(a)**? **Sua** expressão denota dor.
   - **Vocês** estão machucad**os(as)**? **Seus** rostos estão roxos.
   - **Vossa Eminência** (V. Emª.) será homenagead**o(a)**. **Sua** atuação social foi louvável.
   - O **Senhor** (Sr.) está gripad**o**? **Seu** médico está na cidade?
   - A **Senhora** (Srª.) está gripad**a**? **Seu** médico está na cidade?

Principais pronomes de tratamento

Pronomes de tratamentos	Destinatários	Vocativos/ Formas de endereçamento
Vossa Excelência (V. Exª.)	**Autoridades do poder executivo:** Presidente da República; Vice-Presidente da República; Ministros de Estado; Governadores e Vice-Governadores de Estado e do Distrito Federal; Oficiais-Generais das Forças Armadas; Embaixadores; Secretários-Executivos de Ministérios e demais ocupantes de cargos de natureza especial; Secretários de Estado dos Governos Estaduais; Prefeitos Municipais **Autoridades do Poder Legislativo:** Deputados Federais e Senadores; Ministro do Tribunal de Contas da União; Deputados Estaduais e Distritais; Conselheiros dos Tribunais de Contas Estaduais; Presidentes das Câmaras Legislativas Municipais **Autoridades do Poder Judiciário:** Ministros dos Tribunais Superiores; Membros de Tribunais; Juízes; Auditores da Justiça Militar	**Aos Chefes de Poder:** Excelentíssimo Senhor, seguido do cargo respectivo: Excelentíssimo Senhor Presidente da República; Excelentíssimo Senhor Presidente do Congresso Nacional; Excelentíssimo Senhor Presidente do Supremo Tribunal Federal **Às demais autoridades:** Senhor, seguido do cargo respectivo: Senhor Senador; Senhor Ministro; Senhor Governador **Aos juízes:** Meritíssimo Senhor (MM Sr.) ou Excelentíssimo Senhor (Exmº. Sr.)

Vossa Senhoria (V. Sª.)	Pessoas de trato cerimonioso ou em relações de trabalho: funcionários graduados; funcionários de organizações comerciais e industriais; diretores de autarquias federais, estaduais e municipais	Ilustríssimo Senhor (Ilmº. Sr.) ou Senhor (Sr.)
Senhor (Sr.) Senhora (Srª.)	Homens ou mulheres em tratamento formal	Prezado Senhor (Prezado Sr.) Prezada Senhora (Prezada Srª.) ou Senhor (Sr.) Senhora (Srª.)
senhorita (Srᵗᵃ.)	Mulheres solteiras	Senhorita (Srᵗᵃ.)
você (v.)	Familiares, amigos, colegas, pessoas mais íntimas	Tratamento informal
Vossa Santidade (V. S.)	Papa	Santíssimo Padre ou Beatíssimo Padre
Vossa Eminência (V. Emª.)	Cardeais	Eminentíssimo Senhor Cardeal (Emmº. Sr. Cardeal)
Vossa Excelência Reverendíssima (V. Exª. Revᵐᵃ.)	Arcebispos, bispos	Excelentíssimo Senhor (Exmº. Sr.)
Vossa Reverendíssima (V. Revᵐᵃ.), Vossa Senhoria Reverendíssima (V. Sª. Revᵐᵃ.) Vossa Reverência (Revª.)	Monsenhores, cônegos, sacerdotes, clérigos e demais religiosos	Excelentíssimo Senhor (Exmº. Sr.) ou Reverendo (Rev.)

Vossa Majestade (V. M) Vossas Majestades (VV. MM.)	Imperadores, reis e rainhas	A Sua Majestade Rei ... A Sua Majestade Rainha ... A Sua Majestade Imperador ...
Vossa Alteza (V. A.) Vossas Altezas (VV. AA.)	Príncipes e princesas	A Sua Alteza Príncipe ... A Sua Alteza Princesa ...

Outras formas de tratamento

Formas de tratamento	Destinatários	Vocativos/ Formas de endereçamento
Vossa Magnificência	Reitores de Universidade	Magnífico Reitor Senhor Reitor
Professor (Prof.) Professora (Profª.)	Portadores de títulos acadêmicos	Sr. Prof. ... Prof. Dr. ...
Doutor (Dr.) Doutora (Drª.)		Profª Drª. ... Prof. Me. ...
Mestre (Me., Me.) Mestra (Mª., Ma.)		

Obs.:

1. Em alguns casos, não é aconselhável usar a forma abreviada do pronome de tratamento por questão de respeito:
- Presidente da República (Vossa Excelência);
- Presidente do Congresso Nacional (Vossa Excelência);
- Presidente do Supremo Tribunal Federal (Vossa Excelência);
- Governador do Estado (Vossa Excelência).

2. Alguns manuais de redação e gramática sugerem que, nos casos menos formais como **você**, **senhor**, **professor**, **doutor**, se empreguem letras minúsculas quando por extenso e inicial maiúscula nas formas abreviadas. Há, também, indicações para a adoção de minúsculas em ambas as situações. Enquanto nos meios jornalísticos a tendência é o uso somente das minúsculas, nos órgãos públicos o emprego das maiúsculas prevalece.

O PRONOME POSSESSIVO

- Para que servem os **pronomes possessivos?**
- Os pronomes possessivos são empregados para indicar a relação entre o possuidor e o bem possuído. Indicam a qual pessoa do discurso pertence o elemento a que se refere.

São eles:

Número	Pessoa	Pronomes possessivos
Singular	1ª	meu, minha meus, minhas
	2ª	teu, tua, teus, tuas
	3ª	seu, sua, seus, suas
Plural	1ª	nosso, nossa, nossos, nossas
	2ª	vosso, vossa, vossos, vossas
	3ª	seu, sua, seus, suas

Concordância

Os pronomes possessivos referem-se às pessoas do discurso e devem concordar com a pessoa do "possuidor". Todavia, em gênero e número, concordam com a(s) coisa(s) ou ente(s) possuído(s).
- Minha mãe está preocupada com **nosso** desempenho.
- **Teu** relógio está guardado em nossa casa.
- **Meus** livros estão entre tuas coisas.
- O menino perdeu **minha** caneta e todas as **suas** coisas no caminho.

 O possessivo **seu** (referente à 3ª pessoa) pode causar ambiguidade:
- Ele perguntou ao colega se **sua** nota estava correta. (Nota dele ou do colega?)

Expressões do pronome possessivo

O pronome possessivo pode expressar também:

• Afeição	Meu caro colega, escrevo-lhe para manifestar minha solidariedade.
• Respeito	Meu Senhor, por favor, queira entrar. Meus senhores e minhas senhoras, estamos reunidos para decidir sobre a reforma do nosso elevador de serviço.
• Pronome de tratamento	Seu (Senhor) Mário não é mais meu motorista.
• Número aproximado	Ele deve ter seus 60 anos.

Exemplo do uso de pronome possessivo como expressão de afeto:

"Meu caro amigo"
Meu caro amigo me perdoe, por favor
Se eu não lhe faço uma visita
Mas como agora apareceu um portador
Mando notícias nessa fita
[...]
Aqui na terra tão jogando futebol
Tem muito samba, muito choro e rock'n'roll
Uns dias chove, noutros dias bate sol
Mas o que eu quero é lhe dizer que a coisa aqui tá preta
A Marieta manda um beijo para os seus
Um beijo na família, na Cecília e nas crianças
O Francis aproveita pra também mandar lembranças
A todo o pessoal
Adeus
(HOLLANDA, Chico Buarque de; HIME, Francis. "Meu caro amigo". *Meus caros amigos*. CD. Philips, s/d.)

Exemplos do pronome possessivo indicando ser possuidor e ser possuído:

"Carinhoso"
Meu coração, não sei por que
Bate feliz quando te vê
E os **meus olhos** ficam sorrindo
E pelas ruas vão te seguindo
Mas mesmo assim
Foges de mim
Ah se tu soubesses como sou tão carinhoso
E o muito, muito que te quero
E como é sincero o meu amor
Eu sei que tu não fugirias mais de mim [...]
(PIXINGUINHA; JOÃO DE BARRO. "Carinhoso". *Happy Hour 4*. CD. Som Livre, s/d.)

Exemplo de pronome possessivo indicando ser possuidor e ser possuído (é meu, é seu) e também expressão de afeto (meu bem):

"É meu, é meu, é meu"
Tudo que é **seu meu** bem
Também pertence a mim
Vou dizer agora tudo
Do princípio ao fim
Da sua cabeça até
A ponta do dedão do pé
Tudo que é **seu, meu** bem
É **meu**, é **meu**, é **meu**,
É **meu**, é **meu**, é **meu** [...]
(CARLOS, Erasmo; CARLOS, Roberto. "É meu, é meu, é meu". *Roberto Carlos, o Calhambeque*. LP. CBS Portugal, 1984.)

O PRONOME DEMONSTRATIVO

As perguntas mais frequentes sobre o uso dos pronomes demonstrativos são:
- *Isso* ou *isto*? *Aquela* ou *àquela*?

Os pronomes demonstrativos servem para "mostrar" algo em relação a alguma "pessoa", no "tempo" ou no "espaço".

Variação em gênero e número

Há **pronomes demonstrativos variáveis**, ou seja, podem ter flexão de feminino e masculino e de singular e plural: este/estes/esta/estas/esse/esses/essa/essas/aquele/aqueles/aquela/aquelas.

Outros pronomes **demonstrativos são invariáveis**: isto/isso/aquilo. Ou seja, não podem sofrer flexões de singular e plural ou de feminino e masculino.

Leia atentamente os quadros a seguir e observe as diferenças no uso dos pronomes demonstrativos:

Pronomes demonstrativos variáveis			
Pessoa	**Pronomes**	**Relação espacial**	**Relação temporal**
1ª pessoa: (eu/nós) (emissor: quem fala/ escreve)	este/esta estes/estas	**Este parque** é interessante. (Parque mais próximo da pessoa que fala ou escreve.)	**Este filme** é o último lançamento na cidade. (Filme mais recente, no tempo presente.)
2ª pessoa: (tu/vós) (receptor: para quem se fala/ escreve)	esse/essa esses/essas	**Essa praça** é interessante. (Praça mais próxima da pessoa com quem se fala/escreve e um pouco distante de quem emite a mensagem.)	**Esse livro**, lançado o ano passado, despertou emoções. (Livro lançado em tempo próximo ao presente: passado recente.) **Essa coleção** será lançada na próxima estação. (Coleção a ser lançada em tempo próximo ao presente: futuro próximo.)

3ª pessoa: (ele, ela/eles, elas) (observado: sobre quem se fala/escreve)	aquele/aquela aqueles/aquelas	**Aquela paisagem** é interessante. (Paisagem mais próxima de alguém de quem se fala/escreve e bem distante da pessoa que emite a mensagem.)	**Aquele espetáculo** de circo marcou minha infância. (Espetáculo presenciado em momento distante do presente.)
Síntese	este/esta estes/estas esse/essa esses/essas aquele/aquela aqueles/aquelas	Há três quartos na casa: **este** é o meu, **esse** pode ficar para você e **aquele**, no fim do corredor, deixamos para o Marcelo.	Enquanto **este filme** revela as tendências da minha geração, **esse** marcou/vai marcar as posturas de diferentes espectadores e **aquele** outro não deixou saudades.

Pronomes demonstrativos invariáveis			
Pessoa	**Pronomes**	**Relação espacial**	**Relação temporal**
1ª pessoa: (eu/nós) (emissor: quem fala/escreve)	isto	**Isto** é intragável! (Algo mais próximo da pessoa que fala ou escreve.)	**Isto** me deixa triste. (Algo presente que incomoda quem fala/escreve.)

2ª pessoa: (tu/vós)	isso	**Isso** é insuportável!	**Isso** me deixou triste.
(receptor: para quem se fala/ escreve)		(Algo mais próximo da pessoa com quem se fala/escreve e um pouco distante de quem emite a mensagem.)	(Algo que incomoda a quem fala/escreve em passado próximo ao presente.)
			Isso o deixará com saudades.
			(Algo que deixará alguém com saudades em um futuro próximo.)
3ª pessoa: (ele/eles-as)	aquilo	**Aquilo** ocorreu em outra cidade.	**Aquilo** foi assustador em nossas infâncias.
(observado: sobre quem se fala/ escreve)		(Fato ocorrido em local distante do presente.)	(Fato ocorrido em passado distante.)
Síntese	isto/isso/aquilo	**Isto** tem cores alegres, **isso** tem cores pastéis e **aquilo** tem cores muito escuras.	**Isto** me alegra diariamente, **isso** me deixou preocupada o ano passado, mas **aquilo** me transtornou demais na década de 1970.

Pronomes demonstrativos que substituem ou acompanham outras palavras

Os pronomes demonstrativos podem acompanhar substantivos: cumprem a função de adjetivos. Também podem substituir substantivos cumprindo, portanto, o papel de substantivos. Observe as diferenças a seguir:

Este	departamento	é composto de profissionais muito eficientes.
pronome demonstrativo (no papel de adjetivo)	substantivo	

Esse	–	é composto de profissionais medianos.
pronome demonstrativo (no papel do substantivo "departamento")	substantivo oculto	

Aquele	–	é composto de profissionais ineficientes.
pronome demonstrativo (no papel do substantivo: "departamento")	substantivo oculto	

Veja, nos versos a seguir, como o escritor Affonso Romano de Sant'Anna faz uso do pronome demonstrativo no lugar da palavra "país" para não repeti-la no mesmo verso.

> **"Que país é este?"**
>
> [...]
> **Este** é um país de síndicos em geral,   (Este *país* é um país de síndicos.)
> **Este** é um país de cínicos em geral,   (Este *país* é um país de cínicos.)
> **Este** é um país de civis e generais. [...]   (Este *país* é um país de civis e generais.)
>
> (Sant'Anna, Affonso Romano de. "Que país é este?". Rio de Janeiro: Rocco, 1984.)

Como usar os pronomes demonstrativos no texto escrito

O critério não é diferente da expressão oral/presencial. Em citações, o último é o mais próximo do emissor. Portanto, para o termo mais próximo, usa-se "este" e, para os mais distantes, "esse" ou "aquele" com flexões, quando necessário.

Veja exemplos:

- "Gosto muito de Manuel Bandeira, Rubem Braga e Chico Buarque de Hollanda. **Aquele** me agrada pelas poesias que marcam o leitor, **esse** por escrever crônicas magníficas e **este** por compor canções engajadas socialmente."
- "**Esse** texto acima foi escrito por Manuel Bandeira. **Este** abaixo foi escrito por Carlos Drummond de Andrade. **Aquele** outro, visto na aula anterior, é de autor desconhecido.

  Drummond era muito amigo de Bandeira, só que **este** gostava do Rio e **aquele** de Minas."

Expressões que não seguem as regras básicas do uso do pronome demonstrativo

Em nosso dia a dia, há expressões coloquiais que foram adotadas devido ao seu uso repetido. O falante não está preocupado com as relações espaciais ou temporais de sua expressão:

- "É **isso** aí!
- "**Essa** não!"

- "Não venha com **essa!**"
- "**Isto/isso** também é demais!"

Observe o exemplo de expressão popular nos versos interpretados por Ana Carolina.

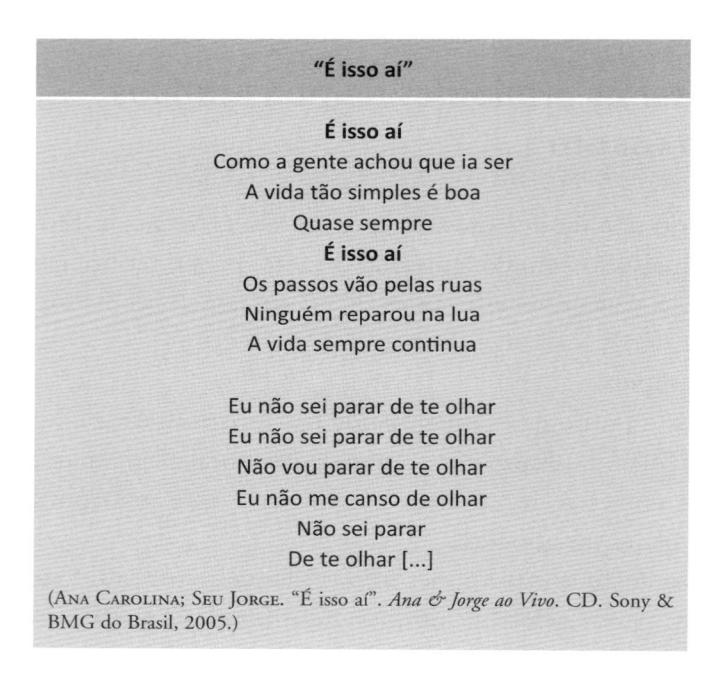

"É isso aí"

É isso aí
Como a gente achou que ia ser
A vida tão simples é boa
Quase sempre
É isso aí
Os passos vão pelas ruas
Ninguém reparou na lua
A vida sempre continua

Eu não sei parar de te olhar
Eu não sei parar de te olhar
Não vou parar de te olhar
Eu não me canso de olhar
Não sei parar
De te olhar [...]

(ANA CAROLINA; SEU JORGE. "É isso aí". *Ana & Jorge ao Vivo*. CD. Sony & BMG do Brasil, 2005.)

Termos que cumprem a função de pronome demonstrativo

Há palavras que podem substituir os pronomes demonstrativos assumindo seu papel. São elas:

a) o, a, os, as (artigos definidos):
- Escutamos muito bem **o** (aquilo) que as testemunhas disseram.
- Há dois tipos de pessoas: **as** (aquelas) que vivem de seu trabalho e **as** (aquelas) que exploram os outros.

b) **tal**, **tais**:
- Não sei como **tal** (este/esse/aquele) aluno pode frequentar esta escola.
- Sei bem como **tal** (isto/isso/aquilo) coisa aconteceu.
- "O poeta é um fingidor." **Tal** (esse) verso é de Fernando Pessoa.

c) **mesmo** e **próprio**: **podem** substituir os demonstrativos originais, reforçar nomes e pronomes pessoais ou se referir a um termo já utilizado no discurso. Eles concordam com o termo que substituem ou a que se referem. Atente:
- Você não muda! Tira sempre as **mesmas** (essas/estas) notas!
- Suas atitudes não mudam: são sempre as **mesmas**!
- Você não tem jeito! Comete sempre os **mesmos** erros!
- Ele **mesmo** já cometeu **tais** (esses/estes/aqueles) enganos!
- Você **mesma** já me disse **tal** coisa (isso).
- O **próprio** diretor veio fazer a abertura de **tal** (desse) evento.
- As **próprias** participantes falarão sobre **tais** (estes) acontecimentos.

"Mesmo" pode ser advérbio com sentido de "ainda, até, justamente, realmente". Como advérbio é invariável.
- É aí **mesmo** que se vendem os perfumes. (É **justamente** aí que se vendem perfumes.)
- Os perfumes são **mesmo** muito bons. (Os perfumes são **realmente** muito bons.)
- **Mesmo** gripado, ele frequenta as aulas de natação. (**Até** gripado ele frequenta as aulas de natação.)

Nos versos a seguir, do poeta chileno Pablo Neruda (1904-1973), podemos observar, além do uso dos demonstrativos, o uso de "mesmo/mesma" com a função do pronome demonstrativo.

"Poema XX"

Posso escrever os versos mais tristes esta noite.
Escrever, por exemplo: "A noite está estrelada,
e tiritam, azuis, os astros na distância."
[...]
Isso é tudo. À distância alguém canta, à distância.
Minha alma não se conforma em havê-la perdido.

Como para atraí-la, o meu olhar procura-a,
meu coração procura-a, e ela não está comigo.
A **mesma** noite faz branquear as **mesmas** árvores.
Nós, os de outrora, já não somos os **mesmos**.
Porque em noites como esta eu tive-a entre meus braços,
minha alma não se conforma em havê-la perdido.
Ainda que esta seja a última dor que ela me causa,
e estes sejam os últimos versos que lhe escrevo.

(NERUDA, Pablo. "Poema XX". *Presente de um poeta.* São Paulo: Vergara & Riba, 2003, pp. 16, 17, 22.)

Combinação e contração dos pronomes demonstrativos com preposições

Independentemente de seu gênero e número, os pronomes demonstrativos podem assimilar as preposições "em", "de" e "a":

- Deixei o celular **neste** (em + este) lugar.
- Deixei a carteira **na** (em + a) mesa do escritório.
- Pensei **naquilo** (em + aquilo) em que você pensou.
- O campeão olímpico saiu **desta** (de + esta) cidade.

Na canção a seguir, "Cálice", de Chico Buarque e Gilberto Gil, temos exemplos variados do uso dos demonstrativos, combinados ou não com outros termos.

"Cálice"

(refrão)
Pai, afasta de mim **esse** cálice
Pai, afasta de mim **esse** cálice
Pai, afasta de mim **esse** cálice
De vinho tinto de sangue

Como beber **dessa** bebida amarga
Tragar a dor, engolir a labuta
Mesmo calada a boca, resta o peito
Silêncio na cidade não se escuta
De que me vale ser filho da santa
Melhor seria ser filho da outra
Outra realidade menos morta
Tanta mentira, tanta força bruta

(refrão)

Como é difícil acordar calado
Se na calada da noite eu me dano
Quero lançar um grito desumano
Que é uma maneira de ser escutado
Esse silêncio todo me atordoa
Atordoado eu permaneço atento
Na arquibancada pra a qualquer momento
Ver emergir o monstro da lagoa

(refrão)

De muito gorda a porca já não anda
De muito usada a faca já não corta
Como é difícil, pai, abrir a porta
Essa palavra presa na garganta
Esse pileque homérico no mundo
De que adianta ter boa vontade
Mesmo calado o peito, resta a cuca
Dos bêbados do centro da cidade [...]

(GIL, Gilberto; HOLLANDA, Chico Buarque de. "Cálice". *Chico Buarque Perfil*. CD. Som Livre Globo EMI, s/d.)

Ocorrência de crase no uso dos demonstrativos

Já sabemos que crase é a fusão de dois "as" e que marcamos essa fusão com o acento grave.

Quando a preposição for **a** temos a **crase** (àquele/àquela/àquilo). Observe:

- Ele dirigiu-se **àquele** carro verde. (a + aquele)
- Ela vai **àquela** reunião de sempre. (a + aquela)
- Ele referiu-se **àquilo** mesmo. (a + aquilo)
- Eles assistem **àquelas** mesmas cenas todos os dias. (a + aquelas)
- Ele somente revelou seus segredos **àqueles** padres. (a + aqueles)
- Demos muita importância **àquilo** que aconteceu. (a + aquilo)

Portanto, quando o verbo pedir a preposição "a" e em seguida aparecerem "aquele(s)/aquela(s)/aquilo", acontece a crase, ou seja há a fusão de dois "as".

Síntese

O pronome demonstrativo:

- Mostra as relações entre uma pessoa e algo que está a seu redor, no tempo e no espaço;
- pode substituir ou acompanhar um substantivo;
- pode ser substituído por expressões que fazem o papel de demonstrativo como artigos, "mesmo", "tal", "próprio";
- pode ser usado em expressões coloquiais como "É isso aí!";
- pode ser combinado com as preposições: "em, de, a";
- quando contraído com a preposição "a", temos a crase: "àquela, àquele, àquilo".

O PRONOME RELATIVO

- Para que serve o pronome relativo?

O pronome relativo estabelece relação entre um termo e outro antecedente. Tem a função de evitar repetição de um termo anteriormente citado.

Flexão

Os pronomes relativos têm uma forma invariável e outras variáveis:

Forma invariável	Formas variáveis	
que	o qual	(refere-se a nome masculino singular)
	a qual	(feminino singular)
	os quais	(masculino plural)
	as quais	(feminino plural)

- Este é o senhor **que** procurou por você.
- Este é o senhor **o qual** procurou por você.

- Esta é a senhora **que** procurou por você.
- Esta é a senhora **a qual** procurou por você.

- Estes são os senhores **que** procuraram por você.
- Estes são os senhores **os quais** procuraram por você.

- Estas são as senhoras **que** procuraram por você.
- Estas são as senhoras **as quais** procuraram por você.

As formas variáveis (o qual/a qual/os quais/as quais) devem ser empregadas para evitar ambiguidade:

a) • Viajando pelo interior, conheci a cidade de um tio meu, **que** me fascinou.

(Quem ou o que me fascinou? A cidade ou o tio?)

  • Viajando pelo interior, conheci a cidade de um tio meu, **o qual** me fascinou. (o tio me fascinou)

  • Viajando pelo interior, conheci a cidade de um tio meu, **a qual** me fascinou. (a cidade me fascinou)

b) • Esta é a história de moradores e trabalhadores de um pequeno asilo, **que** tem chamado a atenção da opinião pública.

(O que tem chamado a atenção? A história ou o asilo?)

- Esta é a história de moradores e trabalhadores de um pequeno asilo, **a qual** tem chamado a atenção da opinião pública. (refere-se à história)
- Esta é a história de moradores e trabalhadores de um pequeno asilo, **o qual** tem chamado a atenção da opinião pública. (refere-se ao asilo)

c) O pronome relativo que pode ser usado em referência a pessoa ou coisa:
- O rapaz **que** chegou trouxe o brinde **que** esperávamos.

Queísmo

Vício de linguagem que consiste na repetição do pronome relativo **que**. O texto seguinte apresenta correção linguística, mas o estilo torna-se pesado em função do "queísmo".

- O rapaz **que** chegou trouxe o brinde **que** esperávamos e **que** já deveria ter sido entregue na reunião, **que** julgamos a mais importante do ano, **que** não foi bom para a economia **que** está em crise.

Vejamos, entretanto como Carlos Drummond de Andrade utilizou essa repetição como recurso estilístico para sugerir os movimentos de uma "Quadrilha" em seu poema já citado anteriormente:

> João amava Teresa que amava Raimundo
> que amava Maria que amava Joaquim que amava Lili
> que não amava ninguém.
> João foi para os Estados Unidos, Teresa para o convento,
> Raimundo morreu de desastre, Maria ficou para tia,
> Joaquim suicidou-se e Lili casou com J. Pinto Fernandes
> que não tinha entrado na história
>
> (ANDRADE, Carlos Drummond de. *Poesia completa e prosa em um volume*. Rio de Janeiro: José Aguilar, 1973, p. 60.)

Quem

Refere-se a pessoa ou coisa/animal personificado (vem precedido de preposição).

- O professor **que** tanto admiro está dando uma entrevista na CBN. (sem preposição, por se tratar de verbo transitivo direto.)
- O professor **de quem** leio todos os artigos está dando uma entrevista na CBN.
- O professor **a quem** escrevi uma carta está dando uma entrevista na CBN.

Obs.:
Os pronomes **que**, **quem**, **qual** e **quando** costumam ser chamados de indefinidos interrogativos quando iniciam frases.
Exemplo:
- **Quem** está interessado em assistir a palestra?

Aparecem também em exclamações para indicar intensidade.
Exemplo:
- **Que** beleza de palestra foi a de ontem!

Onde

Estabelece uma relação de lugar e pode ser substituído por **em que/no qual/na qual/nos quais/nas quais**.

- A cidade **onde** meu tio nasceu se chama Marília.
- A cidade **em que** meu tio nasceu se chama Marília.
- A cidade **na qual** meu tio nasceu se chama Marília.

Obs.:
Aonde (**a + onde**) é empregado com verbos regidos pela preposição "a" (movimento **para onde**).
- **Onde** você dormiu ontem?
- **Onde** você estará amanhã à tarde?
- **Aonde** você vai? (para onde – ir a algum lugar)
- **Aonde** levará essa polêmica absurda?
- **Aonde** nos dirigiremos agora?

Cujo, cuja, cujos, cujas

Estabelecem relação de **posse**, referem-se ao possuidor, todavia concordam com o termo que exprime a coisa ou "pessoa" possuída.

- Caetano Veloso, **cujo** último CD foi muito comentado, é meu compositor preferido.
- Caetano Veloso, **cujas** músicas conheço de cor, é meu compositor preferido.
- Caetano Veloso, **cuja** mãe está com mais de 100 anos, é meu compositor preferido.
- Caetano Veloso, **cujos** pronunciamentos têm causado polêmica, é meu compositor preferido.

Quanto, quantos e quantas

Têm a função de pronomes relativos precedidos por **tanto, todo, todas, tudo**.

- Remexemos em **tudo quanto** pudemos.
- Precisamos de roupas **todas quantas** puderem ser arrecadadas.
- Pesquisamos os livros, **todos quantos** nos caíram em mãos.

Quando

Exprime noção de tempo.

- O ocaso é o momento **quando** o poeta simbolista escreve.
- Essa é a hora **quando** todos parecem querer desaparecer de vergonha alheia.

Todos os pronomes relativos devem vir precedidos de preposição, quando a regência verbal pedir:

- Esse é o médico **ao qual/a quem** devo minha vida. (devo minha vida **a**)
- Esse é o médico **em quem/no qual** confio. (confio **em**)
- Esse é o médico **de quem/do qual** só posso falar bem. (falar bem **de**)
- Esse é o médico **a cujo** trabalho me refiro.
  (o trabalho é do médico – **posse** – e me refiro **a** – refiro-me **ao** trabalho do médico)
- Esse é o médico **com quem/com o qual** divido minhas preocupações. (divido **com**)
- Esse é o médico **pelo qual/por quem** todos têm estima. (têm estima por)
- Essa é uma decisão **que/a qual** gerará grande polêmica.
  (gerará – verbo transitivo direto, não pede preposição)
- Essa é uma decisão **por que/pela qual** lutarei. (lutarei **por**)
- Essa é uma decisão **com que/com a qual** concordo. (concordo **com**)
- Essa é uma decisão **de que/da qual** discordo. (discordo **de**)

VERBOS

As perguntas e comentários mais frequentes sobre o uso dos verbos são:

- Qual é a diferença entre modo e tempo verbal?
- Modos verbais? O que são? Como usá-los?
- Vozes do verbo? O que é isso? E pessoa verbal?

NOÇÕES PRELIMINARES

Estrutura e formação dos verbos

Para entendermos melhor as flexões do verbo, é necessário visualizar sua estrutura.

Estrutura	andar	beber	partir
Radical	and-	beb-	part-
Vogal temática	-a-	-e-	-i-
Desinência de infinitivo impessoal	-r	-r	-r
Terminação	-ar	-er	-ir

Quanto à sua estrutura, os verbos podem ser regulares, irregulares, anômalos defectivos e abundantes como veremos mais adiante. Quanto à função, podem ser principais ou auxiliares.

Conjugações

Os verbos são classificados de acordo com sua vogal temática em verbos de 1ª, 2ª ou 3ª conjugação. Observe:

Conjugação	Vogal temática e terminação	Exemplos
1ª conjugação	-ar	caminhar
2ª conjugação	-er ou -or	comparecer pôr (vem de *poer*)*
3ª conjugação	-ir	impedir
* O verbo pôr (antigo *poer*) perdeu sua vogal temática "e" no infinitivo, no entanto ela aparece em algumas formas flexionadas: ele põe/eles põem.		

Flexões verbais

Os verbos podem ser flexionados em **número, pessoa, modo** e **tempo**. Ou seja, dependendo das relações citadas, o verbo assume determinada forma.

Número e pessoas verbais

Quando falamos em **número**, referimo-nos às flexões verbais de **singular** e **plural**.

Quando falamos em **pessoas**, referimo-nos aos elementos de um processo de comunicação (emissores, receptores e pessoas sobre quem se fala).

Pessoa		Número	
		Singular	Plural
1ª	(pessoa que fala)	eu	nós
2ª	(pessoa com quem se fala)	tu	vós
3ª	(pessoa de quem se fala)	ele/a	eles/as

Veja como dois poetas brincam com as pessoas verbais: Luis Fernando Veríssimo centra atenção nas pessoas do singular "tu" e "eu" e Chico Buarque nas pessoas "tu" (singular) e "nós" (plural).

"Tu e eu"

Somos diferentes, tu e eu.
Tens forma e graça
e a sabedoria de só saber crescer
até dar pé.
E não sei onde quero chegar
e só sirvo para uma coisa
– que não sei qual é!
És de outra pipa
e eu de um cripto.
Tu, lipa
Eu, calipto. [...]

(Veríssimo, Luis Fernando. "Tu e eu". *Poesia numa hora dessas?!* Rio de Janeiro: Objetiva, 2002, p. 36.)

"Tira as mãos de mim"

[...]
Éramos nós
Estreitos nós
Enquanto tu
És laço frouxo
Tira as mãos de mim
Põe as mãos em mim
E vê se a febre dele
Guardada em mim
Te contagia um pouco

(Hollanda, Chico Buarque de. "Tira as mãos de mim". *Chico canta.* LP. Universal Music, 1973.)

Modos verbais

Podemos emitir uma mensagem de variadas maneiras, ou seja, flexionamos os verbos segundo **modos** diferentes, de acordo com a função que pretendemos atribuir ao nosso texto (oral ou escrito).

Exemplo: participação em um evento.

- **Irei** ao evento amanhã.
- **Se não participar** do evento amanhã, talvez eu me arrependa.
- **Não deixe** de participar do evento amanhã.
- **Participe** do evento: você não vai se arrepender!

Modos	Exemplos	Atitude/Intenção
Indicativo	Eu **vou**, hoje, ao circo. Eu **fui**, ontem, ao passeio com as crianças. Eu **irei**, amanhã, ao teatro.	certeza determinação
Subjuntivo (Conjuntivo)	**Mesmo que eu não viaje hoje**, não terei tempo para receber você. **Se eu tivesse viajado**, não teria tempo para atender você. **Se eu viajar amanhã**, não terei tempo para atender você. **Quando eu viajar**, não poderei mais atender você.	incerteza dúvida hipótese
Imperativo	**Viaje e não retorne** antes que eu ordene. **Não viaje**, preciso de você aqui.	ordem conselho convite desejo

Tempos verbais

Os **tempos** podem expressar mensagens que se referem a diferentes momentos ou tempos da ação, do estado ou de um fenômeno natural. São os denominados **tempos verbais**.

Tempos	Exemplos	Momentos
Presente	Eu **vou**, hoje, ao circo.	fato está acontecendo simultaneamente ao momento em que se fala

Pretérito (passado)	Eu **fui**, ontem, ao passeio com as crianças.	fato já aconteceu anteriormente ao momento em que se fala
Futuro	Eu **irei**, amanhã, ao teatro.	fato ainda irá acontecer posteriormente ao momento em que se fala

Para finalizar, leia a seguinte composição e perceba a variedade de modos e tempos verbais utilizados pelos autores.

"Se eu não te amasse tanto assim"

Meu coração
Sem direção
Voando só por voar
Sem saber onde chegar
Sonhando em te encontrar
E as estrelas
Que hoje eu descobri
No seu olhar
As estrelas vão me guiar

Se eu não te amasse tanto assim
Talvez perdesse os sonhos
Dentro de mim
E vivesse na escuridão
Se eu não te amasse tanto assim
Talvez não visse flores
Por onde eu vim
Dentro do meu coração

Hoje eu sei
Eu te amei
No vento de um temporal
Mas fui mais
Muito além
Do tempo do vendaval
Nos desejos
Num beijo
Que eu jamais provei igual
E as estrelas dão um sinal [...]

(VALLE, Paulo Sergio; VIANNA, Herbert. "Se eu não te amasse tanto assim". Interpr.: Ivete Sangalo. *Ivete Sangalo*. CD. Universal, 2007.)

Formas nominais

Outras formas do verbo, as **formas nominais**, são o infinitivo, o gerúndio e o particípio.

Formas nominais	Exemplos
Infinitivo	o borbulhar da bebida o ferver do leite
Gerúndio	bebida borbulhando leite fervendo
Particípio	bebida borbulhante leite fervido

Vozes verbais

Alguns verbos, os que necessitam de outros elementos para completarem seu significado, podem apresentar o sujeito de maneira diferente: ou como agente ou como paciente. Estas maneiras são chamadas **vozes verbais**.

Ativa		O *chef* Cássio **preparou** um prato especial para a inauguração da casa.	
Passiva	Analítica	Um prato especial **foi preparado** pelo *chef* Cássio para a inauguração da casa.	
	Sintética	**Preparou-se** um prato especial para o evento.	
Reflexiva		O ator **se suicidou**. O ator **suicidou-se**.	(reflexiva recíproca) Os candidatos **se atacaram** durante o debate. Os candidatos **atacaram-se** durante o debate.

MODOS E TEMPOS VERBAIS

O modo indicativo

O modo indicativo é aquele que indica a *certeza*, expressa a *realidade*, reflete uma *declaração* de quem fala ou escreve. Observe que todas as declarações a seguir indicam a certeza do emissor com relação ao fato, mesmo que esta certeza venha expressa por meio de uma negação.

- Eu ainda *trabalho* na empresa de meu pai.
- Eu *trabalhei* na empresa de meu pai quando jovem.
- Eu **não** *trabalharei* mais na empresa de meu pai depois que me casar.

Como vimos também na seção anterior, os modos podem expressar mensagens que se referem a diferentes momentos ou tempos da ação, do estado ou de um fenômeno natural. São os denominados *tempos verbais*. O modo indicativo apresenta vários tempos verbais, cada um com sua função. Observe:

Tempos verbais do modo indicativo
(certeza, determinação, declaração)

Presente		Eu **amo** o que estou fazendo hoje na empresa em que trabalho.
Pretérito	perfeito	Eu **amei** o que fiz no tempo em que trabalhei.
	imperfeito	Eu **amava** o que fazia, até sofrer o sequestro.
	mais-que-perfeito	(simples) Eu já **trabalhara** muito, quando meu filho nasceu. (composto) Eu já **tinha trabalhado** muito, quando meu filho nasceu.
Futuro	do presente	(simples) **Trabalharei** até morrer. (composto) **Vou trabalhar** até morrer.
	do pretérito (condicional)	Já **terei trabalhado** muito antes de meus filhos se formarem.

Nos versos a seguir, Paulo Setúbal, em seu poema "Só tu", faz uso de vários tempos verbais do modo indicativo.

"Só tu"
De todas as que me **beijaram**,
De todas as que me **abraçaram**,
já não me **lembro**, nem **sei**...
Foram tantas as que me **amaram**,
Foram tantas as que eu **amei**.
Mas tu, que rude contraste,
Tu que jamais me **abraçaste**,
Tu que jamais me **beijaste**,
Só tu nesta alma **ficaste**,
De todas as que eu **amei**...
(SETÚBAL, Paulo. "Só tu". *Alma cabocla*: flocos de espuma. São Paulo: Saraiva, 1958.)

Quando usar os tempos verbais do modo indicativo

Presente	ação concomitante ao momento em que se fala	Sérgio **trabalha** em uma indústria metalúrgica.
Pretérito	**perfeito** fato ocorrido, encerrado, finalizado	Sérgio **trabalhou** em uma indústria metalúrgica quando morou em São Paulo.
	imperfeito fato ocorrido, mas contínuo, permanente ou habitual	Sérgio **trabalhava** em uma indústria metalúrgica quando sua mãe faleceu.
	mais-que-perfeito fato ocorrido no passado em relação a outro também no passado	(simples: mais formal) Sérgio já **trabalhara** por cinco anos em uma indústria metalúrgica quando ingressou na faculdade de engenharia. (composto: mais informal) Sérgio já **tinha trabalhado** por cinco anos em uma indústria metalúrgica quando ingressou na faculdade de engenharia.

Futuro	**do presente** Fato futuro em relação ao momento em que se fala	(simples) **Trabalharei** até morrer. (composto) Já **terei trabalhado** muito antes de meus filhos se formarem.
	do pretérito Um fato futuro em relação a outro em que se expressa uma condição	(simples) Sérgio **trabalharia** mais se ganhasse melhor. (composto) Sérgio **teria trabalhado** mais se seus filhos não estivessem doentes.

O modo imperativo

O modo imperativo denota *ordem, pedido, orientação, apelo* por parte do emissor para com outra pessoa. Note o uso do imperativo, nos versos de "Cálice":

> [...]
> Pai, **afasta** de mim esse cálice
> **Afasta** de mim esse cálice
> **Afasta** de mim esse cálice
> De vinho tinto de sangue [...]
>
> (GIL, Gilberto; HOLLANDA, Chico Buarque de. "Cálice". *Chico Buarque Perfil*. CD. Som Livre/EMI, s/d.)

Tempos verbais do modo imperativo

Afirmativo	"Luar, **espere** um pouco Que é pro meu samba poder chegar" ("Olê, olá", de Chico Buarque)
Negativo	"**Não chore** ainda não Que eu tenho um violão" ("Olê, olá", de Chico Buarque)

Observe o uso do modo imperativo nas formas afirmativa e negativa, no refrão da seguinte composição musical:

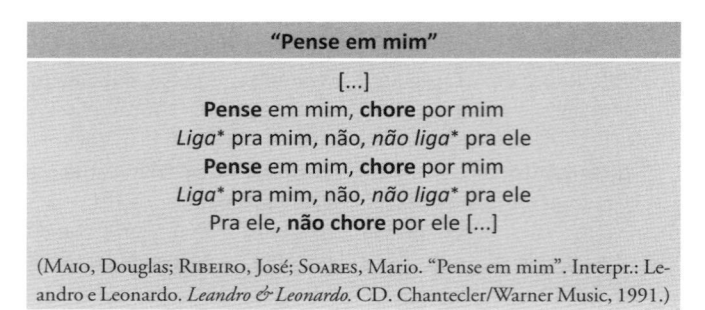

"Pense em mim"

[...]
Pense em mim, **chore** por mim
*Liga** pra mim, não, *não liga** pra ele
Pense em mim, **chore** por mim
*Liga** pra mim, não, *não liga** pra ele
Pra ele, **não chore** por ele [...]

(Maio, Douglas; Ribeiro, José; Soares, Mario. "Pense em mim". Interpr.: Leandro e Leonardo. *Leandro & Leonardo*. CD. Chantecler/Warner Music, 1991.)

Formação do imperativo

O imperativo afirmativo forma-se pelo presente do subjuntivo, à exceção de "tu" e "vós", que se formam do presente do indicativo sem o "s". No imperativo negativo todas as pessoas vêm do presente do subjuntivo sem alteração.

Confiar			
Presente do indicativo	**Imperativo afirmativo**	**Imperativo negativo**	**Presente do subjuntivo**
Eu	–	–	Eu
Tu confias [-s] ——→	confia tu	não confies tu ←——	Tu confies
Ele	confie você	não confie você ←——	Ele confie
Nós	confiemos nós	não confiemos nós ←——	Nós confiemos
Vós confiais [-s] ——→	confiai vós	não confieis vós ←——	Vós confieis
Eles	confiem vocês	não confiem vocês ←——	Eles confiem

Mover			
Presente do indicativo	**Imperativo afirmativo**	**Imperativo negativo**	**Presente do subjuntivo**
Eu	–	–	Eu
Tu moves [-s] ——→	move tu	não movas tu ←——	Tu movas
Ele	mova você	não mova você ←——	Ele mova
Nós	movamos nós	não movamos nós ←——	Nós movamos
Vós moveis [-s] ——→	movei vós	não movais vós ←——	Vós movais
Eles	movam vocês	não movam vocês ←——	Eles movam

---

* A conjunção do verbo "ligar" no imperativo está incorreta no contexto. Como os demais, ele deveria ser conjugado na 3ª pessoa do plural: "ligue pra mim" no afirmativo e "não ligue pra ele" no negativo.

Partir			
Presente do indicativo	**Imperativo afirmativo**	**Imperativo negativo**	**Presente do subjuntivo**
Eu	–	–	Eu
Tu partes [-s] ⟶	parte tu	não partas tu ⟵	Tu partas
Ele	parta você	não parta você ⟵	Ele parta
Nós	partamos nós	não partamos nós ⟵	Nós partamos
Vós partis [-s] ⟶	parti vós	não partais vós ⟵	Vós partais
Eles	partam vocês	não partam vocês ⟵	Eles partam

Para finalizar, veja como Chico Buarque utiliza os verbos ora no indicativo, ora no imperativo.

"Olê, olá"
Não **chore** ainda não, que eu **tenho** um violão
E nós **vamos** cantar
Felicidade aqui **pode** passar e ouvir
E se ela for de samba há de querer ficar
Seu padre **toca** o sino que é pra todo mundo saber
Que a noite **é** criança, que o samba **é** menino
Que a dor **é** tão velha que **pode** morrer
Olê, olê, olê, olá
Tem samba de sobra, quem **sabe** sambar
Que **entre** na roda, que **mostre** o gingado
Mas muito cuidado, não **vale** chorar
Não **chore** ainda não, que eu **tenho** uma razão
Pra você não chorar
Amiga, **me perdoa**, se eu **insisto** à toa
Mas a vida **é** boa para quem cantar
Meu pinho, **toca** forte que é pra todo mundo acordar
Não **fale** da vida, nem **fale** da morte
Tem dó da menina, não **deixa** chorar
Olê, olê, olê, olá
Tem samba de sobra, quem **sabe** sambar
Que **entre** na roda, que **mostre** o gingado
Mas muito cuidado, não **vale** chorar
Não **chore** ainda não, que eu **tenho** a impressão
Que o samba **vem** aí
É um samba tão imenso que eu às vezes **penso** [...]
(HOLLANDA, Chico Buarque de. "Olê, olá". *Chico Buarque de Hollanda*. v. 1. CD. Som Livre, 2006.)

O modo subjuntivo

O subjuntivo é o modo verbal que expressa o *desejo*, a *hipótese*, a *condição*, a *possibilidade*. Pelo fato de não apontar certezas (como o indicativo), mas possibilidades, o subjuntivo é utilizado quando pretendemos apresentar um estado, uma ação ou uma ideia relacionada a outro verbo. Ou seja, o modo subjuntivo indica subordinação.

A seguir, alguns exemplos das possibilidades dos modos verbais:

Subjuntivo (possibilidade)	Indicativo (certeza)
Mesmo que eu **trabalhe** muito,	**continuarei** em minha banda.
Se eu **trabalhasse** muito,	**abandonaria** minha banda.
Quando eu **trabalhar** muito,	**receberei** bom salário.

Veja como os compositores fazem uso do modo subjuntivo na seguinte canção:

"Ah!, se eu pudesse"
Ah!, **se eu pudesse** te buscar sorrindo E lindo **fosse** o dia, como um dia foi E indo nesse lindo, feito para nós dois Pisando nisso tudo que se fez canção Ah!, **se eu pudesse** te mostrar as flores Que cantam suas cores para a manhã que nasce Que cheiram no caminho quem falasse As coisas mais bonitas para a manhã de sol [...]
(MENESCAL, Roberto; BÔSCOLI, Ronaldo. "Ah!, se eu pudesse". *Roberto Menescal – Bossa Evergreen*. CD. Albatroz, 2005.)

Tempos verbais simples do modo subjuntivo
(incerteza, dúvida, hipótese)

Tempos simples	
Presente	Meus pais querem **que eu trabalhe** este ano.
Imperfeito	Se **eu trabalhasse** com mais empenho, seria mais feliz?
Futuro	**Quando eu trabalhar** mais, poderei me sustentar sozinho.

Tempos verbais compostos do modo subjuntivo
(incerteza, dúvida, hipótese)

Tempos compostos	
Pretérito perfeito	Embora **eu tenha sido eleito** o trabalhador do ano, não mereço tal prêmio.
Pretérito mais-que-perfeito	Se **eu tivesse/houvesse trabalhado**, não estaria em dificuldades.
Futuro	Se **eu tiver terminado** o trabalho, poderei sair antes do almoço.

Presente do subjuntivo

O presente do subjuntivo indica *dúvida, incerteza, possibilidade, suposição* ou *desejo* em relação a uma ação ou situação presentes. Exemplos:

- Vocês precisam (hoje/agora) **que eu venha** amanhã?
- É possível (hoje/agora) **que compremos** seu livro.
- É preciso (hoje/agora) **que você venha** ao almoço.
- Imagino **que ele venha** almoçar conosco.
- Quero/Desejo **que ele se dê** muito bem na vida.

Note o uso do presente do subjuntivo nos versos de Caetano Veloso:

"Você não entende nada"
[...]
E quero **que você venha** comigo
E quero **que você venha** comigo
E quero **que você venha** comigo
E quero **que você venha** comigo
Eu me sento, eu fumo, eu como, eu não aguento
Você está tão curtida
Eu quero tocar fogo neste apartamento
Você não acredita [...]

(VELOSO, Caetano. "Você não entende nada". *Caetano e Chico juntos.* CD. Polygram, 1972.)

FORMAÇÃO DO PRESENTE DO SUBJUNTIVO

Sua forma é derivada da 1ª pessoa do singular (ele/ela) do presente do indicativo, como segue:

1. Retira-se a desinência "-o" (eu cant-o).

2. Acrescentam-se as seguintes terminações:

-e; -es; -e; -emos; -eis; -em (verbos de 1ª conjugação) e

-a; -as; -a; -amos; -ais; -am (verbos de 2ª e 3ª conjugações), conforme os seguintes paradigmas:

VERBOS REGULARES

Verbo no infinitivo	Modo indicativo Presente (1ª pessoa do singular)	Modo subjuntivo Presente
Cantar	Eu cant-o	Que eu cant-e/Que tu cant-es/Que ele cant-e/ Que nós cant-emos/Que vós cant-eis/Que eles cant-em
Correr	Eu corr-o	Que eu corr-a/Que tu corr-as/Que ele corr-a/ Que nós corr-amos/Que vós corr-ais/Que eles corr-am
Partir	Eu part-o	Que eu part-a/Que tu part-as/Que ele part-a/ Que nós part-amos/Que vós part-ais/Que eles part-am

OUTROS VERBOS

Verbo no infinitivo	Modo indicativo Presente (1ª pessoa do singular)	Modo subjuntivo Presente
Querer	Eu quero	Que eu queira/Que tu queiras/Que ele queira/ Que nós queiramos /Que vós queirais/Que eles queiram
Ir	Eu vou	Que eu vá/Que tu vás/Que ele vá/ Que nós vamos/Que vós vades/Que eles vão
Saber	Eu sei	Que eu saiba/Que tu saibas/Que ele saiba/ Que nós saibamos/Que vós saibais/Que eles saibam
Ser	Eu sou	Que eu seja/Que tu sejas/Que ele seja/ Que nós sejamos/Que vós sejais/Que eles sejam **(Nunca seje!)**
Estar	Eu estou	Que esteja/Que tu estejas/Que ele esteja/ Que nós estejamos/Que vós estejais/Que eles estejam **(Nunca esteje!)**
Haver	Eu hei	Que eu haja/Que tu hajas/Que ele haja/ Que nós hajamos/Que vós hajais/Que eles hajam

Imperfeito do subjuntivo

O imperfeito do subjuntivo indica uma situação, circunstância ou ação passada *não realizada*, *hipotética*, *possível*, *incerta*, *imprecisa* ou *concessiva*.

- **Se eles avisassem**, todos viriam?
- **Se eu corresse**, talvez chegasse a tempo.
- Eu imaginava **que ele**, talvez, **viesse** de carro.
- **Mesmo que ele viesse** de carro, não chegaria para o evento.
- Ainda que **ele estudasse** muito, não conseguiria vaga na USP.
- Embora **ele tivesse** dinheiro, não conseguiria comprar aquele imóvel.
- Nunca pediram para **que ele frequentasse** nossos encontros.

FORMAÇÃO DO IMPERFEITO DO SUBJUNTIVO

Sua forma é derivada da 3ª pessoa do plural (eles/elas) do pretérito perfeito do indicativo: retira-se a desinência "-ram", acrescentando-se desinências com "-ss-".

VERBOS REGULARES

Verbo no infinitivo	Modo indicativo Pretérito perfeito (3ª pessoa do plural)	Modo subjuntivo Imperfeito
Cantar	Eles canta (-ram)	canta (+sse) = se eu cantasse
Correr	Eles corre (-ram)	corre (+sse) = se eu corresse
Partir	Eles parti (-ram)	parti (+sse) = se eu partisse

Atente ao uso do imperfeito do subjuntivo nos seguintes versos:

"Se acaso você chegasse"
Se acaso **você chegasse** No meu *chateau* **encontrasse** Aquela mulher Que você gostou Será que tinha coragem De trocar nossa amizade Por ela Que já lhe abandonou [...]
(RODRIGUES, Lupicínio; MARTINS, Felisberto. "Se acaso você chegasse". *Coisas minhas: Lupicínio Rodrigues 90 anos*. CD. Sony BMG, 2004.)

OUTROS VERBOS

Verbo no infinitivo	Modo indicativo Pretérito perfeito (3ª pessoa do plural)	Modo subjuntivo Imperfeito
Fazer	Eles fize (-ram)	fize (+sse) = se eu fizesse
Trazer	Eles trouxe (-ram)	trouxe (+sse) = se eu trouxesse

Querer	Eles quise (-ram)	quise (+sse) = se eu quisesse
Dizer	Eles disse (-ram)	disse (+sse) = se eu dissesse
Pôr	Eles puse (-ram)	puse (+sse) = se eu pusesse
Ser	Eles fo (-ram)	fo (+sse) = se eu fosse
Ir	Eles fo (-ram)	fo (+sse) = se eu fosse
Vir	Eles vie (-ram)	vie (+sse) = se eu viesse
Ver	Eles vi (-ram)	vi (+sse) = se eu visse

Observe o uso do imperfeito do subjuntivo nos seguintes versos de Francis Hime:

"Se porém fosse portanto"

Se trezentos fosse trinta
O fracasso era um portento
Se bobeira fosse finta
E o pecado sacramento
Se cuíca fosse banjo
Água fresca era absinto
Se centauro fosse anjo
E atalho labirinto

Se punhado fosse penca
Se duzentos fosse vinte
Se tulipa fosse avenca
E assistente fosse ouvinte
Armadilha era ornamento
Se rochedo fosse vento
Cabra vivo era defunto [...]

(HIME, Francis; CACASO. "Se porém fosse portanto". *Se porém fosse portanto*. CD. Som Livre, 1978.)

Futuro do subjuntivo

O futuro do subjuntivo indica ação ou situação *hipotética, possível*, que, realizada, determinará ação ou situação futura. É usado principalmente em orações condicionais ("Se...") e temporais ("Quando..."). Exemplos:

- **Quando ele entrar** na faculdade, arrumará a vida de toda a família.
- **Se treinarmos** muito, venceremos o torneio.
- **Quem se preparar bem**, conseguirá bom emprego.

FORMAÇÃO DO FUTURO DO SUBJUNTIVO

Sua forma é derivada da 3ª pessoa do plural (eles/elas) do pretérito perfeito do indicativo. Retire a terminação -ram, acrescente -r e o resultado é a 1ª pessoa do singular do futuro do subjuntivo. Para as outras pessoas, é só acrescentar as desinências correspondentes.

VERBOS REGULARES

Verbo no infinitivo	Modo indicativo Pretérito perfeito (3ª pessoa do plural)	Modo subjuntivo Futuro
Cantar	Eles canta (-ram)	canta (+r) = se eu cantar/quando eu cantar canta (+r) = se tu cantares/quando tu cantares
Correr	Eles corre (-ram)	corre (+r) = se eu correr/quando eu correr corre (+r) = se nós corrermos/quando nós correrermos
Partir	Eles parti (-ram)	parti (+r) = se eu partir/quando eu partir parti (+r) = se eles partirem/quando eles partirirem

OUTROS VERBOS

Verbo no infinitivo	Modo indicativo Pretérito perfeito (3ª pessoa do plural)	Modo subjuntivo Futuro
Fazer	Eles fize (-ram)	fize (+r) = se eu fizer/quando eu fizer
Trazer	Eles trouxe (-ram)	trouxe (+r) = se eu trouxer/quando eu trouxer
Querer	Eles quise (-ram)	quise (+r) = se eu quiser/quando eu quiser

Dizer	Eles disse (-ram)	disse (+r) = se eu disse/quando eu disser
Pôr	Eles puse (-ram)	puse (+r) = se eu puser/quando eu puser
Ser	Eles fo (-ram)	fo (+r) = se eu for/quando eu for
Ir	Eles fo (-ram)	fo (+r) = se eu for/quando eu for
Vir	Eles vie (-ram)	vie (+r) = se eu vier/quando eu vier
Ver	Eles vi (-ram)	vi (+r) = se eu vir/quando eu vir*

*É por isso que o futuro do subjuntivo do verbo "ver" fica "vir".

Veja os exemplos:

Certo	Errado
"se eu **vir** o filme" "quando você **vir** o resultado do teste" "quando nos **virmos** novamente" "se vocês **virem** a verdade"	"se eu ver o filme" "quando você ver o resultado do teste" "quando nos vermos novamente" "se vocês verem a verdade"

Veja o uso do futuro do subjuntivo nestes versos de "Linha do Equador":

"Linha do Equador"
esse imenso, desmedido amor vai além de seja o que **for** vai além de onde eu vou do que sou, minha dor, minha linha do Equador mas é doce morrer nesse mar de lembrar e nunca esquecer se eu **tivesse** mais alma pra dar eu **daria**, isso para mim é viver

(VELOSO, Caetano; DJAVAN. "Linha do Equador". *Linha do Equador*. CD. Sony Music. 1992.)

Repetindo e fixando:

Futuro do subjuntivo	
Verbo pôr (e seus compostos)	Se eu *puser* (nunca "se eu pôr") meu vestido preto, parecerei mais magra. Quando o sistema *repuser* (nunca "quando o sistema repor") o estoque automaticamente, não faltará mercadoria. Se o congresso *depuser* (nunca "se o congresso depor") o presidente, a democracia ficará abalada.
Verbo ter (e seus compostos)	Se eu *tiver* que sair, não voltarei mais (não se erra o *verbo ter*, mas comumente seus compostos). Se ele *mantiver* (nunca "se ele manter") sua posição, não haverá negociações. Se o governo *retiver* (nunca "se o governo reter") as importações, teremos sérios problemas econômicos.

Para finalizar, podemos identificar os vários modos verbais, na maravilhosa composição de Pixinguinha, "Carinhoso":

"Carinhoso"	Modos verbais
1. Meu coração	1. –
2. **Não sei** por que	2. Indicativo
3. **Bate** feliz	3. Indicativo
4. Quando te **vê**	4. Indicativo
5. E os meus olhos **ficam** sorrindo	5. Indicativo
6. E pelas ruas **vão** te seguindo	6. Indicativo
7. Mas mesmo assim **foges** de mim	7. Indicativo
8. Ah **se tu soubesses** como **sou** tão carinhoso	8. Subjuntivo/Indicativo
9. E o muito, muito que te **quero**	9. Indicativo
10. E como **é** sincero o meu amor	10. Indicativo
11. Eu **sei** que tu não **fugirias** mais de mim	11. Indicativo/Indicativo
12. **Vem, vem, vem, vem**	12. Imperativo
13. **Vem** sentir o calor dos lábios meus à procura dos teus	13. Imperativo
14. **Vem** matar essa paixão que me **devora** o coração	14. Imperativo/Indicativo
15. E só assim então **serei** feliz	15. Indicativo
16. Bem feliz [...]	16. –

(PIXINGUINHA; JOÃO DE BARRO. "Carinhoso". *Happy Hour 4*. CD. Som Livre, s/d.)

Formas nominais

Além dos três modos verbais conhecidos (indicativo, subjuntivo e imperativo), há outras três formas de utilizar os verbos. São as chamadas **formas nominais**: gerúndio, particípio passado e infinitivo impessoal. As formas nominais são aquelas em que o verbo assume o papel de nome (substantivo, adjetivo ou advérbio).

Uma amostra das referidas formas nominais:

- Ele estava **trabalh*ando*** demais na empresa do pai. (gerúndio)
- Ele estava a **trabalh*ar*** demais na empresa do pai. (infinitivo impessoal)
- Ele havia **trabalh*ado*** demais na empresa do pai. (particípio passado)

Leia alguns versos de Manuel Bandeira, extraídos do poema "Profundamente", e verifique como o poeta utiliza as três formas nominais.

"Profundamente"	
Estavam todos **dormindo**	(gerúndio)
Estavam todos **deitados**	(particípio)
Dormindo	
Profundamente	
Quando eu tinha seis anos	
Não pude **ver** o fim da festa de São João	(infinitivo)
Porque adormeci	

(BANDEIRA, Manuel. "Profundamente". *Manuel Bandeira*. Org. por Salete de Almeida Cara. São Paulo: Abril Educação, 1981, p. 67.)

Gerúndio

Um dos assuntos em pauta na mídia, nas salas de aula e no nosso dia a dia é o uso do gerúndio. Houve até um decreto (n. 28.314, de 28 de setembro de 2007) assinado pelo então governador do Distrito Federal, José Roberto Arruda, "demitindo" o gerúndio. Mas por quê? As perguntas mais frequentes são: "É errado usar o gerúndio?", "Não se usa mais o gerúndio?", "Posso usar o gerúndio em minhas redações?", "Quando usar o gerúndio?", "Qual é a diferença entre gerúndio e gerundismo?". Vamos, portanto, abordar este tão comentado assunto.

Observe como os verbos "viver" e "aprender" fazem o papel de substantivos (nomes):

- Vivendo e aprendendo é a nossa missão. (Vida e aprendizagem)

O gerúndio é uma das formas do verbo que serve para indicar uma ação em processo, com certa duração. Eventualmente, essa ação pode ser simultânea a outra, acontecer num momento preciso, indicar repetição, intensidade, progressão. Note que, nesses casos, o gerúndio vem antecedido do verbo auxiliar. Exemplos:

- Você **está andando** muito depressa!
- **Estava lendo** enquanto o pai falava.
- Eu **ando comendo** muito.
- Os atores **iam aparecendo** um atrás do outro.
- **Ficou sabendo** tardiamente da triste notícia.
- **Andavam buscando** respostas para suas inquietudes de jovens.

Agora, leia (e cante) os primeiros versos da famosa composição de Geraldo Vandré. Você perceberá que os verbos no gerúndio dão ideia de ação em continuidade (caminhando, cantando, seguindo, marchando, vencendo). O autor não fala simplesmente "pelas ruas *marchamos*" (ideia pontual, finita), mas, "pelas ruas *marchando*" (ideia de processo, de ação contínua).

"Para não dizer que não falei das flores"
Caminhando e **cantando** e **seguindo** a canção Somos todos iguais braços dados ou não Nas escolas, nas ruas, campos, construções **Caminhando** e **cantando** e **seguindo** a canção Vem, vamos embora, que esperar não é saber Quem sabe faz a hora, não espera acontecer

> Pelos campos a fome em grandes plantações
> Pelas ruas **marchando** indecisos cordões
> Ainda fazem da flor seu mais forte refrão
> E acreditam nas flores **vencendo** o canhão [...]
>
> (VANDRÉ, Geraldo. "Para não dizer que não falei das flores". *Geraldo Vandré: série Pérolas.* CD. Som Livre, 2000.)

Formação do gerúndio

Como vimos, na maior parte dos casos, o gerúndio vem antecedido de um verbo auxiliar (conjugado): "Nós estamos cumprindo a nossa tarefa".

A forma nominal gerúndio é formada pelo radical do verbo mais a vogal temática da sua conjugação (terminado em -ar, -er, -ir ou -or) mais a desinência -ndo.

Infinitivo	Radical	Vogal temática	Desinência	Gerúndio
entrar	entr-	-a-	-ndo	entrando
entender	entend-	-e-	-ndo	entendendo
cumprir	cumpr-	-i-	-ndo	cumprindo
compor	comp-	-o-	-ndo	compondo

O gerúndio nos países lusófonos

Há algumas variações na expressão linguística nos países de língua portuguesa. Isso também ocorre com o uso do gerúndio. No Brasil, é mais frequente seu uso. Em Portugal e em outros países lusófonos, seu uso é mais restrito, sendo substituído, em geral pelo infinitivo antecedido da preposição "a".

Exemplos:

Portugal e outros países lusófonos	Brasil
Estou *a fazer* comida.	Estou *fazendo* comida.
Tu estás *a falar* demais.	Você está *falando* demais.
Enquanto trabalhamos, eles estão *a dormir*.	Enquanto trabalhamos, eles estão *dormindo*.
O que é que o Quim te estava *a dizer*? (Luis Bernardo Honwana)	O que o Quim estava te *dizendo*?

O fato de ser mais comum o uso do gerúndio no Brasil do que em Portugal ou em outros países de língua portuguesa não significa que os não brasileiros não façam uso dessa forma nominal.

Leia, a seguir, os versos do poeta português Fernando Pessoa (Alberto Caeiro):

> [...]
> A Criança Nova que habita onde vivo
> Dá-me uma mão a mim
> E outra a tudo que existe
> E assim vamos os três pelo caminho que houver,
> **Saltando** e **cantando** e **rindo**
> E **gozando** o nosso segredo comum
> Que é saber por toda a parte
> Que não há mistério no mundo
> E que tudo vale a pena.
>
> A Criança Eterna acompanha-me sempre.
> A direcção do meu olhar é o seu dedo **apontando**.
> O meu ouvido atento alegremente a todos os sons
> São as cócegas que ele me faz, **brincando**, nas orelhas. [...]
>
> (PESSOA, Fernando. "Guardador de Rebanhos VIII". *Poemas escolhidos*. Seleção e organização Felipe Barbosa. São Paulo: O Estado de S. Paulo/Klick Editora: s/d., p. 25s.)

Gerúndio ou gerundismo?

Chama-se, portanto, de gerúndio a uma forma nominal do verbo que pode e deve ser usada adequadamente. Atualmente, denomina-se gerundismo ao uso inadequado do gerúndio, à mania abusiva do uso do gerúndio em situações em que esta forma é desnecessária. Muitas vezes, o gerúndio é utilizado em lugar de uma forma verbal mais apropriada.

Quando usar e quando não usar o gerúndio?

- Vou **estar transferindo** sua ligação. (gerundismo)
- Vou **transferir** sua ligação. (correto)

- Desculpe, senhora, mas **estamos tendo que fazer** tudo manualmente. (gerundismo)
- Desculpe, senhora, mas **temos que fazer** tudo manualmente. (correto)

Utiliza-se o gerúndio, portanto, quando queremos dar a ideia de ação em andamento, ação contínua ou concomitante a outra ação.
- **Estamos pesquisando** a obra de Fernando Pessoa.
- Um aluno **vai pesquisando**, enquanto o outro redige o texto.
- José **anda pesquisando** muito na biblioteca.

Se a ideia não for de continuidade, de simultaneidade (mais comuns), repetição, intensidade ou progressão, não há motivos para usar o gerúndio.
- **Vamos estar encaminhando** sua solicitação. (incorreto)
- **Vamos encaminhar/Encaminharemos** sua solicitação. (correto)

- Os estudantes **vão estar pesquisando** demais na próxima semana. (incorreto)
- Os estudantes **vão pesquisar/pesquisarão** demais na próxima semana. (correto)

Perceba que nos exemplos de uso incorreto do gerúndio há um excesso de formas verbais, desnecessárias: vamos + estar + encaminhando.

A composição "Que maravilha", de Jorge Ben Jor apresenta vários verbos no gerúndio:

"Que maravilha"

Lá fora está **chovendo**
Mas assim mesmo eu vou **correndo**
Só pra ver o meu amor
Ela vem toda de branco
Toda molhada e despenteada
Que maravilha, que coisa linda que é o meu amor
Por entre bancários, automóveis, ruas e avenidas
Milhões de buzinas **tocando** em harmonia sem cessar
E ela vem **chegando** de branco meiga pura linda e muito tímida
Com a chuva **molhando** seu corpo lindo que eu vou abraçar, todo meu, todo meu
E a gente no meio da rua no mundo, no meio da chuva
A girar, que maravilha
A girar, que maravilha
A girar, que maravilha
A girar, que maravilha
Lá fora está chovendo
Mas assim mesmo eu vou **correndo**
Só pra ver o meu amor
E ela vem toda de branco
Toda molhada linda e despenteada
Que maravilha, que coisa linda que é o meu amor
Por entre bancários, automóveis, ruas e avenidas
Milhões de buzinas **tocando** em harmonia sem cessar
E ela vem **chegando** de branco meiga pura linda e muito tímida
Com a chuva **molhando** seu corpo lindo que eu vou abraçar, todo meu, todo meu
E a gente no meio da rua no mundo, no meio da chuva
Vai girar, que maravilha [...]

(BEN, Jorge. "Que maravilha". *Que maravilha: Grandes sucessos de Jorge Ben Jor*. CD. Globo/Polydor, 1993.)

Conclusão:

- Não é errado usar o gerúndio. Ele deve ser usado adequadamente.
- Você pode e deve usar o gerúndio em suas redações, provas ou concursos, desde que respeitadas as regras de seu uso.
- Abolir definitivamente o gerundismo de seus textos.

Particípio passado

Vamos tratar do uso do particípio passado. É outra das formas nominais do verbo que nos provoca muitas dúvidas.

O uso do particípio passado

As crianças muito pequenas, às vezes, dizem erroneamente:
* Eu havia **fazido** muitas coisas ontem.

Sabemos que a forma correta é:
* Eu havia **feito** muitas coisas ontem.

No entanto, também sabemos que a forma mais comum do particípio é similar à seguinte:
* Ele havia **acordado** cedo para viajar.

Observe como Cazuza faz uso do particípio passado em "Exagerado".

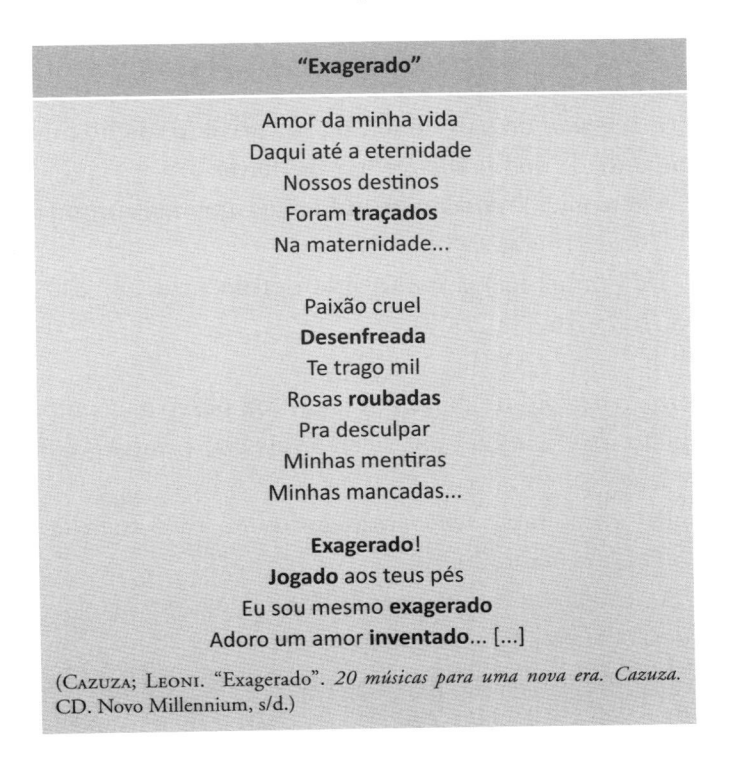

"Exagerado"

Amor da minha vida
Daqui até a eternidade
Nossos destinos
Foram **traçados**
Na maternidade...

Paixão cruel
Desenfreada
Te trago mil
Rosas **roubadas**
Pra desculpar
Minhas mentiras
Minhas mancadas...

Exagerado!
Jogado aos teus pés
Eu sou mesmo **exagerado**
Adoro um amor **inventado**... [...]

(CAZUZA; LEONI. "Exagerado". *20 músicas para uma nova era. Cazuza.* CD. Novo Millennium, s/d.)

Algumas dicas sobre o particípio

1. O que é o particípio?
   São aquelas formas terminadas em **-ado** ou **-ido**, utilizadas sempre que queremos nos referir a algo já ocorrido em um passado mais distante.
   - "Dilma é **convo*cada*** para explicar o dossiê no Senado". (*O Estado de S. Paulo*, 16 abr. 2008)
   - "Avaliações periciais ainda não foram **conclu*ídas*.**" (*Folha de S.Paulo*, 16 abr. 2008).

2. Por que o particípio é uma forma nominal?
   Porque ele pode ser usado em lugar de um nome.
   - "**A retomada** da pintura no século XXI." (*O Estado de S. Paulo*, 16 abr. 2008)
     (função de substantivo)
   - "Águas **paradas** não movem moinho." (provérbio)
     (função de adjetivo)

3. Como é formado o particípio?
   A forma *regular* do particípio é na **voz ativa** (o sujeito pratica a ação), acompanhada dos auxiliares "ter" e "haver".
   - "A Petrobrás ***teria* encontrado** mais um megacampo de petróleo" (*Destak*, 15 abr. 2008)
   - "Ele (Vanila Ice) já ***havia* sido detido** antes em 2001" (*Folha de S.Paulo*, 14 abr. 2008)

   A forma *irregular* do particípio é na **voz passiva**, acompanhado dos auxiliares "ser", "estar" ou "ficar". Veja que o sujeito é passivo, pois sofre a ação.
   - "Pai e madrasta ***serão* indiciados** no caso Isabella." (*Folha de S.Paulo*, 16 abr. 2008).
   - "As fundações ***estarão* proibidas** de doar bens [...] às universidades." (*Metro*, 15 abr. 2008)
   - "Nenhuma das 30 pessoas que estavam no ônibus ***ficou* ferida.**" (*Metro*, 15 abr. 2008)

4. Há uma só forma de particípio?
Não. Há verbos com duas formas de particípio: o particípio longo e o particípio breve/curto.

- O juiz havia **expulsado** o jogador na final do campeonato. (particípio longo)
- O jogador foi **expulso** na final do campeonato. (particípio breve)

5. Quando usar cada uma das formas do particípio?
a) Quando o verbo só tem uma forma, ele pode ser empregado com qualquer auxiliar (ter, haver, ser, estar, ficar).

- Eu *tinha* **feito**./Eu *havia* **feito**./O trabalho *foi* **feito**.
- Ele *tinha* **aberto** os presentes./Os presentes *foram* **abertos**.
- Os presentes *estão* **abertos**./Os presentes *ficaram* **abertos**.

b) Quando o verbo tem mais de uma forma, emprega-se a forma longa precedida dos auxiliares "ter" e "haver" e a forma breve com os auxiliares "ser", estar" e "ficar".

- Cláudia **tinha aceitado** as críticas do auditório.
- As críticas do auditório **foram aceitas** por Cláudia.

Obs.:
1. Verbo **pegar**: na língua clássica, não há registro da forma "pego" como particípio do verbo "pegar", encontrando-se apenas a forma "pegado", com qualquer auxiliar. No entanto, a chamada língua moderna aceita o emprego da forma "pego", com os verbos "ser" e "estar" como auxiliares. Exemplos:

- Corremos atrás de Juliana, mas ela já **havia pegado** o ônibus. (forma longa)
- O ônibus **foi pego** por Juliana. (forma breve)

2. Verbos **ganhar, gastar, pagar**: há duas opções de uso do particípio:

a) Forma regular, com auxiliares "ter" e "haver": ganhado/gastado/pagado:
- Eu havia **ganhado**./Eu tinha **gastado**./Eu não havia **pagado**.

b) Forma irregular, com auxiliares "ser" e "estar": ganho/gasto/pago:
- O jogo já estava **ganho**./O dinheiro foi **gasto**./Eu não havia **pago**.

Porém, as gramáticas mais modernas aceitam que seja usada sempre a forma mais breve (ganho/gasto/pago) com todos os auxiliares.

6. As formas do particípio têm singular e plural?
   a) Com os verbos auxiliares "ter" e "haver" (voz ativa), o particípio permanece invariável.
      - Havíamos **esperado** a vida toda por aquele momento. (masculino singular)
      - Ela tem **cantado** vitória antes do tempo. (masculino singular)

   b) Com os verbos auxiliares "ser", "estar" e "ficar" (voz passiva), o particípio varia para concordar com o sujeito da oração.
      - Todos os imóveis foram **vendidos**. (masculino plural)
      - O apartamento estava **vendido**. (masculino singular)
      - As mercadorias foram **apreendidas**. (feminino plural)

7. Quais os verbos que têm as duas formas do particípio?
   Vejamos alguns exemplos e comparemos:

Homens foram **detidos** em operação do BOPE, que matou 9 **supostos** traficantes!	(só forma curta) (só forma curta)
Dois homens foram **presos**.	(forma curta)
Os policiais haviam **prendido** dois homens.	(forma longa)

8. O que são verbos abundantes?
   São aqueles que têm duas formas de particípio passado.

Verbos com um só particípio (com qualquer auxiliar)	Verbos abundantes, com dois particípios (forma longa: com verbos "haver" e "ter"; forma curta: com verbos "ser", "estar" e "ficar")
abrir (aberto) beber (bebido) cancelar (cancelado)	aceitar (aceitado e aceito) acender (acendido e aceso) confundir (confundido e confuso)

chegar (chegado)	eleger (elegido e eleito)
dizer (dito)	emergir (emergido e emerso)
escrever (escrito)	entregar (entregado e entregue)
esquecer (esquecido)	enxugar (enxugado e enxuto)
estudar (estudado)	expulsar (expulsado e expulso)
fazer (feito)	extinguir (extinguido e extinto)
permitir (permitido)	ganhar (ganhado e ganho)
pôr (posto)	gastar (gastado e gasto)
ter (tido)	imergir (imergido e imerso)
trazer (trazido)	imprimir (imprimido e impresso)
	isentar (isentado e isento)
	limpar (limpado e limpo)
	matar (matado e morto)
	murchar (murchado e murcho)
	pagar (pagado e pago)
	pegar (pegado e pego)
	prender (prendido e preso)
	romper (rompido e roto)
	salvar (salvado e salvo)
	soltar (soltado e solto)
	submergir (submergido e submerso)
	suspender (suspendido e suspenso)
	tingir (tingido e tinto)

Atenção:
Muitos verbos não abundantes são usados erradamente!
Trazer, chegar, falar, empregar e **pôr não são abundantes!**
Portanto, as formas *trago, chego, falo, empregue* e *ponhado* não existem como particípio passado.

Nunca diga	Diga
• O documento *foi trago* por quem?	• O documento *foi trazido* por quem?
• Sofia *tem chego* atrasada todos os dias.	• Sofia *tem chegado* atrasada todos os dias.
• As professoras *têm falo* muito mal de mim.	• As professoras *têm falado* muito mal de mim.
• Carlos *tem empregue* o particípio passado erradamente.	• Carlos *tem empregado* o particípio passado erradamente.
• Ana *havia ponhado* os pratos sobre a mesa.	• Ana *havia posto* os pratos sobre a mesa.

Curiosidade

O particípio passado é muito utilizado em provérbios. Veja os exemplos.

- A cavalo **dado** não se olham os dentes.
- A fruta **proibida** é a mais **apetecida**.
- Amigo **disfarçado**, inimigo **dobrado**.
- Amizade **remendada**, café **requentado**.
- Anda em capa de **letrado** muito asno **disfarçado**.
- Antes só do que mal **acompanhado**.
- Caminho **começado** é meio **andado**.
- Coisa **oferecida** ou está podre ou está **moída**.
- Fica o **dito** pelo não dito.
- Filho de onça já nasce **pintado**.
- O **prometido** é devido.
- Obra **apressada**, obra **estragada**.
- Ri-se o **roto** do **esfarrapado** e o sujo do mal **lavado**.
- Vintém **poupado**, vintém **ganho**.

Para finalizar, leia os seguintes versos e verifique o uso particípio passado. Aproveite para observar o uso correto das formas longa e breve do particípio, precedidas dos verbos auxiliares compatíveis.

"Epitáfio"

Devia ter **amado** mais
Ter **chorado** mais
Ter **visto** o sol nascer
Devia ter arriscado mais e até **errado** mais
Ter **feito** o que eu queria fazer
Queria ter **aceitado** as pessoas como elas são
Cada um sabe a alegria e a dor que traz no coração

O acaso vai me proteger
Enquanto eu andar **distraído**
O acaso vai me proteger
Enquanto eu andar

> Devia ter **complicado** menos, **trabalhado** menos
> Ter **visto** o sol se pôr
> Devia ter me **importado** menos com problemas pequenos
> Ter **morrido** de amor
> Queria ter **aceitado** a vida como ela é
> A cada um cabe alegrias e a tristeza que vier
>
> O acaso vai me proteger
> Enquanto eu andar **distraído**
> O acaso vai me proteger
> Enquanto eu andar
>
> Devia ter **complicado** menos, **trabalhado** menos
> Ter **visto** o sol se pôr.
>
> (BRITTO, Sérgio. "Epitáfio". Interpr: Titãs. *A Melhor banda de todos os tempos da última semana*. CD. Abril Music. 2001.)

Infinitivo

O infinitivo, assim como o gerúndio e o particípio passado, é uma forma nominal do verbo que indica uma ação, em princípio, não localizada no tempo. É forma nominal porque pode exercer o papel de um nome. É, também, o nome do verbo, com terminação em -r: canta**r** | corre**r** | dormi**r**

Funções do infinitivo

1. Como verbo principal ou auxiliar:
   - Vou **ler** meus trabalhos amanhã.
   - Tive que **explicar** a tarefa de novo.

2. Com função de nome: substantivo:
   - **Ler** faz bem ao espírito. (substantivo: o ato de ler)
   - **O saber** é a maior riqueza do homem. (substantivo: o ato de saber)
   - **O anoitecer** é um momento mágico. (substantivo: o acontecimento anoitecer)
   - É necessário **explicar** mais claramente as respostas. (substantivo: uma explicação)

- **Ser** ou **não ser**, eis a questão. (Shakespeare) (substantivos: a condição ou situação de ser ou não ser)
- **Navegar** é preciso, **viver** não é preciso. (Tema da Escola de Sagres muito utilizado pelos poetas de língua portuguesa) (ato de navegar/ato de viver)

Flexões do infinitivo

O infinitivo pode apresentar-se flexionado nas pessoas do verbo. Portanto, existem duas formas:

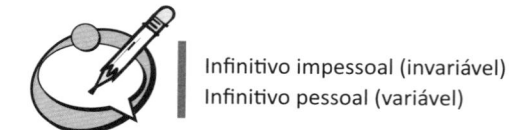

Infinitivo impessoal (invariável)
Infinitivo pessoal (variável)

Alguns exemplos:
- Ficarei mais tranquilo se **reservarmos** o hotel antes da viagem. (variável)
- Chegue mais cedo para **estudarmos** juntos. (variável)
- Queremos **estudar** muito. (invariável)
- Vamos **sair** cedo. (invariável)

Formas flexionadas	
É necessário	**eu sair**
	tu saíres
	ele sair
	nós sairmos
	vós sairdes
	eles sairem

O uso do infinitivo é uma das matérias mais discutidas entre os gramáticos. Segue um resumo das regras de seu uso, de modo que não se cometam erros, embora alguns casos sejam ainda polêmicos e se aceitem as duas formas (flexionada e não flexionada).

Você não vai errar observando que	
• Com sujeito indeterminado, o infinitivo nunca é flexionado	É conveniente **observar** as normas. É preciso **levantar** mais cedo.
• Nas locuções verbais, deve ser impessoal	Eles *irão* **atender** aos pedidos conforme as possibilidades. *Vamos* **buscar** o almoço e (*vamos*) **comer** aqui.
• O infinitivo impessoal é usado, ainda, quando o sujeito do verbo principal e o do verbo no infinitivo for o mesmo	*Pretendo* **ser** uma grande bailarina. (eu) *Desejamos* **abrir** uma empresa de comunicação. (nós) *Precisamos* nos **reunir** urgentemente. (nós) Todos *querem* **ir** embora da cidade. (eles)
• Quando os verbos tiverem sujeitos diferentes, usa-se a forma flexionada do verbo	*Convidamos* todos para **entrarem** no lugar que lhes foi reservado. (nós/todos) *Falarei* a todos da possibilidade de **apresentarmos** nosso grupo no teatro municipal. (eu/nós)
• Quando a oração do infinitivo exercer a função de objeto direto da oração principal, há as duas possibilidades de uso	Vi meus sonhos **irem/ir** por água abaixo. Fernando Pessoa não viu **publicarem/ publicar** seus poemas. Sentiu as pernas **tremer/tremerem**.
• Quando entre o auxiliar e o infinitivo houver a inserção do sujeito do infinitivo, usa-se a forma flexionada do verbo.	**Mandou** *as crianças* **calarem**-se. **Pediu** para *os alunos* **sairem**.

 Com preposição + infinitivo, sugere-se não flexionar o infinitivo.

Exemplos:
- Vamos mudar *para* **crescer**.
- Conciliemos as partes *sem* **abrir** mão dos direitos de cada um.
- A coisa mais fácil *de* **fazer** é **aconselhar** e **repreender**. (provérbio)

Leia a canção seguinte e identifique as funções do infinitivo.

"O filho que eu quero ter"

É comum a gente **sonhar**, eu sei
Quando vem o **entardecer**
Pois eu também dei de **sonhar**
Um sonho lindo de **morrer**

Vejo um berço e nele eu me **debruçar**
Com o pranto a me **correr**
E assim, chorando, **acalentar**
O filho que eu quero **ter**
[...]
De repente o vejo se **transformar**
Num menino igual a mim
Que vem correndo me **beijar**
Quando eu **chegar** lá de onde vim

Um menino sempre a me **perguntar**
Um porquê que não tem fim
Um filho a quem só queira bem
E a quem só diga que sim
[...]
Quando a vida enfim me quiser **levar**
Pelo tanto que me deu
Sentir-lhe a barba me **roçar**
No derradeiro beijo seu

E ao sentir também sua mão **vedar**
Meu olhar dos olhos seus
Ouvir-lhe a voz a me **embalar**
Num acalanto de adeus

Dorme, meu pai, sem cuidado
Dorme que ao **entardecer**
Teu filho sonha acordado
Com o filho que ele quer **ter**

(MORAES, Vinícius de; TOQUINHO. "O filho que eu quero ter". *Arca de Noé 2: Vinícius para crianças*. CD. Polygram, 1981.)

Para finalizar, observe como a banda Legião Urbana faz uso do infinitivo em suas composições:

> **"Pais e filhos"**
>
> [...]
> É preciso **amar** as pessoas
> Como se não houvesse amanhã
> Porque se você **parar** pra **pensar**,
> Na verdade não há. [...]
>
> (Villa-Lobos, Dado; Russo, Renato; Bonfá, Marcelo. "Pais e filhos". *Quatro estações*. CD. EMI, 1989.)

> **"Vento no litoral"**
>
> De tarde quero **descansar**,
> **Chegar** até a praia e **ver**
> Se o vento ainda está forte
> E vai ser bom **subir** nas pedras
> Sei que faço isso pra **esquecer**
> Eu deixo a onda me **acertar**
> E o vento vai levando tudo embora [...]
>
> (Russo, Renato. "Vento no litoral". *Mais do mesmo*. CD. Corações Perfeitos, Edições Musicais/EMI, s/d.)

VERBOS REGULARES, IRREGULARES, ANÔMALOS E DEFECTIVOS

Verbos regulares

São verbos que seguem os modelos/paradigmas de sua conjugação (-ar, -er, -ir), apresentados nas seções anteriores, como andar, beber e partir.

Verbos irregulares

São verbos que não seguem os paradigmas/modelos de sua conjugação (-ar, -er, -ir) sofrendo modificações em seu radical (infinitivo menos -ar/-er/-ir) ou em suas desinências/terminações.

 **Verbos anômalos** são verbos que sofrem modificações importantes em seu radical (ser: sou, és).

Como sabemos que um verbo é irregular?

Conjugando-o no presente e no pretérito perfeito do indicativo, como nos seguintes exemplos:

Infinitivo	Presente do indicativo	Pretérito perfeito do indicativo
caber	caibo	coube
crer	creio	cri
dar	dou	dei
dizer	digo	disse
estar	estou	estive
fazer	faço	fiz
haver	hei	houve
ir	vou	fui
ler	leio	li
querer	quero	quis
poder	posso	pude
perder	perco	perdi
pôr	ponho	pus
rir	rio	ri
saber	sei	soube
ser	sou	fui
ter	tenho	tive
trazer	trago	trouxe
ver	vejo	vi
vir	venho	vim

Verbos terminados em -iar

São regulares em sua maioria (como negociar: negocio, negocias, negocia/que eu negocie; variar: vario, varias, varia/que eu varie etc.), com exceção de:
• Ansiar: anseio, anseias, anseia/que eu anseie.

- Incendiar: incendeio, incendeias, incendeia/que eu incendeie.
- Mediar: medeio, medeias, medeia/que eu medeie.
- Odiar: odeio, odeias, odeia/que eu odeie.
- Remediar: remedeio, remedeias, remedeia/que eu remedeie.

Os professores, para que seus alunos memorizem, costumam dar a seguinte dica: as letras iniciais dos verbos irregulares terminados em **-iar** formam os nomes **mario** ou **maior**:

	M ediar **A** nsiar **R** emediar **I** ncendiar **O** diar	**M** ediar **A** nsiar **I** ncendiar **O** diar **R** emediar

Verbos terminados em -ear

Frear, passear, pentear, recear, estrear. Todos os verbos terminados em **-ear** seguem o mesmo paradigma:

Verbo passear

INFINITIVO					passear	
GERÚNDIO					passeando	
PARTICÍPIO PASSADO					passeado	
MODO INDICATIVO						
Pessoa	Presente	Pretérito perfeito	Pretérito imperfeito	Pretérito mais-que-perfeito	Futuro do presente	Futuro do pretérito
eu	passeio	passeei	passeava	passeara	passearei	passearia
tu	passeias	passeaste	passeavas	passearas	passearás	passearias

ele/ela	passeia	passeou	passeava	passeara	passeará	passearia
nós	passeamos	passeamos	passeávamos	passeáramos	passearemos	passearíamos
vós	passeais	passeastes	passeáveis	passeáreis	passeareis	passearíes
eles/elas	passeiam	passearam	passeavam	passearam	passearão	passeariam

MODO SUBJUNTIVO					
Presente		**Imperfeito**		**Futuro**	
(que) eu	passeie	(se) eu	passeasse	(quando) eu	passear
(que) tu	passeies	(se) tu	passeasses	(quando) tu	passeares
(que) ele/ela	passeie	(se) ele/ela	passeasse	(quando) ele/ela	passear
(que) nós	passeemos	(se) nós	passeássemos	(quando) nós	passearmos
(que) vós	passeeis	(se) vós	passeásseis	(quando) vós	passeardes
(que) eles/elas	passeiem	(se) eles/elas	passeassem	(quando) eles/elas	passearem

MODO IMPERATIVO		INFINITIVO PESSOAL	
Afirmativo	**Negativo**		
–	–	para	passear eu
passeia tu	não passeies tu	para	passeares tu
passeie você	não passeie você	para	passear ele/ela
passeemos nós	não passeemos nós	para	nós passearmos
passeai vós	não passeeis vós	para	passeardes vós
passeiem vocês	não passeiem vocês	para	passearem eles/elas

Verbos defectivos

Verbos defectivos são aqueles que não são conjugados em todas as pessoas, tempos ou modos:

- A defectividade acontece por diversos motivos, como: formas parecidas de verbos diferentes que se confundem e cacofonia (resultam sons desagradáveis).

abolir, adequar, aturdir, banir, bramir, brandir, carpir, colorir, delinquir, demolir, doer, esculpir, exaurir, explodir, extorquir, falir, feder, reaver, retorquir, ruir.

Obs.: alguns filólogos menos tradicionais têm considerado algumas formas da oralidade como corretas e, dessa forma, apenas para esses autores, alguns verbos originariamente defectivos passam a ser regulares.

Na seguinte composição – "Barata tonta" – Rita Lee e Roberto de Carvalho utilizam *exploda* do verbo defectivo *explodir*. Estaria incorreto. Porém, atualmente alguns gramáticos já adotaram a forma como expressão da língua-padrão.

"Barata tonta"
Você me deixa cabreira
Sem eira nem beira,
Feito barata tonta,
Você me apronta,
Depois me dá um beijo
Me faz um gracejo
Eu me desmancho toda
O resto que se **exploda**
Feito bomba H
O que é que há?
É só amor
Não existe remédio,
Não existe doutor,
Que possa curar!

(LEE, Rita; CARVALHO, Roberto de. *Barata tonta. Rita Lee e Roberto de Carvalho.* LP. Som Livre, 1982.)

Quando necessitar utilizar esses verbos, sugerimos consultar uma gramática e/ou substituir por outro verbo de sentido semelhante.

Veja, a seguir, a conjugação de alguns dos verbos mais utilizados.

Verbo abolir

Obs.: não são conjugadas as formas com X						
INFINITIVO				abolir		
GERÚNDIO				abolindo		
PARTICÍPIO PASSADO				abolido		
MODO INDICATIVO						
Pessoa	Presente	Pretérito perfeito	Pretérito imperfeito	Pretérito mais-que-perfeito	Futuro do presente	Futuro do pretérito
eu	X	aboli	abolia	abolira	abolirei	aboliria
tu	aboles	aboliste	abolias	aboliras	abolirás	abolirias
ele/ela	abole	aboliu	abolia	abolira	abolirá	aboliria
nós	abolimos	abolimos	abolíamos	abolíramos	aboliremos	aboliríamos
vós	abolis	abolistes	abolíeis	abolíreis	abolireis	aboliríeis
eles/elas	abolem	aboliram	aboliam	aboliram	abolirão	aboliriam
MODO SUBJUNTIVO						
Presente		Imperfeito		Futuro		
(que) eu	X	(se) eu	abolisse	(quando) eu	abolir	
(que) tu	X	(se) tu	abolisses	(quando) tu	abolires	
(que) ele/ela	X	(se) ele/ela	abolisse	(quando) ele/ela	abolir	
(que) nós	X	(se) nós	abolíssemos	(quando) nós	abolirmos	
(que) vós	X	(se) vós	abolísseis	(quando) vós	abolirdes	
(que) eles/elas	X	(se) eles/elas	abolissem	(quando) eles/elas	abolirem	

MODO IMPERATIVO		INFINITIVO PESSOAL	
Afirmativo	Negativo		
–	–	para	abolir eu
abole tu	não X tu	para	abolires tu
X você	não X você	para	abolir ele/ela
X nós	não X nós	para	abolirmos nós
aboli vós	não X vós	para	abolirdes vós
X vocês	não X vocês	para	abolirem eles/elas

Verbo explodir

Obs.: não são conjugadas as formas com X	
INFINITIVO	abolir
GERÚNDIO	abolindo
PARTICÍPIO PASSADO	abolido

MODO INDICATIVO						
Pessoa	Presente	Pretérito perfeito	Pretérito imperfeito	Pretérito mais-que-perfeito	Futuro do presente	Futuro do pretérito
eu	X	explodi	explodia	explodira	explodirei	explodiria
tu	explodes	explodiste	explodias	explodiras	explodirás	explodirias
ele/ela	explode	explodiu	explodia	explodira	explodirá	explodiria
nós	explodimos	explodimos	explodíamos	explodíramos	explodiremos	explodiríamos
vós	explodis	explodistes	explodíeis	explodíreis	explodireis	explodiríes
eles/elas	explodem	explodiram	explodiam	explodiram	explodirão	explodiriam

MODO SUBJUNTIVO					
Presente		Imperfeito		Futuro	
(que) eu	X	(se) eu	explodisse	(quando) eu	explodir
(que) tu	X	(se) tu	explodisses	(quando) tu	explodires
(que) ele/ela	X	(se) ele/ela	explodisse	(quando) ele/ela	explodir
(que) nós	X	(se) nós	explodíssemos	(quando) nós	explodirmos
(que) vós	X	(se) vós	explodísseis	(quando) vós	explodirdes
(que) eles/elas	X	(se) eles/elas	explodissem	(quando) eles/elas	explodirem

MODO IMPERATIVO		INFINITIVO PESSOAL	
Afirmativo	Negativo		
–	–	para	explodir eu
explode tu	não X tu	para	explodires tu
X você	não X você	para	explodir ele/ela
X nós	não X nós	para	explodirmos nós
explodi vós	não X vós	para	explodirdes vós
X vocês	não X vocês	para	explodirem eles/elas

Verbo falir

Obs.: não são conjugadas as formas com X						
INFINITIVO				abolir		
GERÚNDIO				abolindo		
PARTICÍPIO PASSADO				abolido		
MODO INDICATIVO						
Pessoa	Presente	Pretérito perfeito	Pretérito imperfeito	Pretérito mais-que-perfeito	Futuro do presente	Futuro do pretérito
eu	X	fali	falia	falira	falirei	faliria
tu	X	faliste	falias	faliras	falirás	falirias
ele/ela	X	faliu	falia	falira	falirá	faliria
nós	falimos	falimos	falíamos	falíramos	faliremos	faliríamos
vós	falis	falistes	falíeis	falíreis	falireis	faliríeis
eles/elas	X	faliram	faliam	faliram	falirão	faliriam

MODO SUBJUNTIVO					
Presente		**Imperfeito**		**Futuro**	
(que) eu	X	(se) eu	falisse	(quando) eu	falir
(que) tu	X	(se) tu	falisses	(quando) tu	falires
(que) ele/ela	X	(se) ele/ela	falisse	(quando) ele/ela	falir
(que) nós	X	(se) nós	falíssemos	(quando) nós	falirmos
(que) vós	X	(se) vós	falísseis	(quando) vós	falirdes
(que) eles/elas	X	(se) eles/elas	falissem	(quando) eles/elas	falirem

MODO IMPERATIVO		**INFINITIVO PESSOAL**	
Afirmativo	**Negativo**		
–	–	para	falir eu
X tu	não X tu	para	falires tu
X você	não X você	para	falir ele/ela
X nós	não X nós	para	falirmos nós
fali vós	não X vós	para	falirdes vós
X vocês	não X vocês	para	falirem eles/elas

6
DICIONÁRIO DE DIFICULDADES DO DIA A DIA

A

A (preposição – tempo futuro)/**HÁ** (verbo haver – tempo passado):
- **Há** (tempo passado) dez anos não o vejo e daqui **a** (tempo futuro) dez minutos estaremos aí.

Obs.: os estudiosos mais puristas consideram o refrão da música "Eu nasci há 10 mil anos atrás" – pleonasmo, visto que "há" indica tempo decorrido e "atrás" repete a mesma ideia.

(SEIXAS, Raul. "Eu nasci há 10 mil anos atrás". *Raul Seixas. 20 músicas do século XX.* CD. Millennium, s/d.)

A CERCA DE /ACERCA DE /HÁ CERCA DE

A CERCA DE (a uma distância de):
- O borracheiro fica a cerca de 200 metros apenas.

ACERCA DE (locução prepositiva – sobre, a respeito de):
- O palestrante falou acerca de sustentabilidade.

HÁ CERCA DE (existe, faz aproximadamente, por volta de – indica quantidade indefinida/imprecisa):
- Não escuto essa música há cerca de 20 anos.

À CUSTA DE/AS CUSTAS (DE)

À CUSTA DE: no singular (por meio de, devido a, na dependência de):
- Já fez três faculdades e ainda vive **à custa d**os pais.
- Consegui me formar **à custa d**e muito esforço.

AS CUSTAS (DE): no plural (termo jurídico):
- Perdeu a causa e por isso teve que pagar **as custas d**o processo.

A FIM/AFIM

A FIM (finalidade, com o objetivo de):
- Treinaremos todos os dias **a fim** de vencer a competição.

AFIM (plural "afins"/semelhante, parecido):
- Os adolescentes têm interesses **afins**.
- Eu e você temos pelo menos um objetivo **afim**.
- Ele importa produtos eletrônicos e **afins**.

À MEDIDA QUE/NA MEDIDA EM QUE

À MEDIDA QUE (à proporção que):
- Os assentos iam sendo dados **à medida que** os espectadores chegavam ao teatro.
- **À medida que** nos atualizamos, entendemos melhor as transformações.

NA MEDIDA EM QUE (no momento, no instante em que):
• Você só conseguirá emagrecer **na medida em que** deixar de comer doces.

ANEXO/EM ANEXO
As duas formas podem ser usadas, observando-se a concordância:
• Segue **anexo** o texto./Segue **em anexo** o texto.
• Seguem **anexos** os textos./Seguem **em anexo** os textos.
• Segue **anexa** a circular./Segue **em anexo** a circular.
• Seguem **anexas** as circulares./Seguem **em anexo** as circulares.

A NÍVEL DE/AO NÍVEL DE/ EM NÍVEL DE

A expressão **a nível de** é considerada incorreta (foi incorporada a partir de outras línguas como espanhol: "a nivel de", francês: "au niveau", e inglês "on a level with").
O correto é **ao nível de** e somente quando significar **à mesma altura que/no mesmo plano que**:
• A casa foi construída **ao nível do mar**.
Pode-se usar **em nível de** somente quando indicar hierarquia/níveis.
• O caso será resolvido **em nível** de diretoria.

AO INVÉS DE/EM VEZ DE

AO INVÉS DE (ao contrário de/opção oposta):
• Corri para a esquerda **ao invés de** caminhar para a direita.
• Bateu o carro: voltou para trás **ao invés de** seguir em frente.
EM VEZ DE (em lugar de):
• Decidimos ir aos Estados Unidos **em vez de** ir à Europa (opção diferente).

AONDE/ONDE/DE ONDE

AONDE: com verbos que indicam movimento, destino e que pedem a preposição **a**.

• **Aonde** você pretende ir? (ir a)
• Vou **aonde** a vida me levar. (levar a)
• Podemos chegar **aonde** quisermos. (chegar a)
ONDE: com verbos que indicam permanência e não pedem nenhuma preposição.
• **Onde** você esteve/ficou/dormiu ontem?
DE ONDE (donde): com verbos que indicam procedência e pedem a preposição **de**.
• **De onde** ele surgiu/veio/apareceu?

A PRINCÍPIO/EM PRINCÍPIO

A PRINCÍPIO (inicialmente, no começo, no primeiro momento):
• **A princípio**, seu desempenho era muito bom.
• **A princípio** era contra o casamento de meu sobrinho.
EM PRINCÍPIO (em tese/em teoria):
• **Em princípio**, sou contra o casamento/o aborto/a pena de morte.

B

BASTANTE/BASTANTES

BASTANTE (advérbio, invariável):
• Somos **bastante** (muito) esforçados.
BASTANTES (adjetivo, concorda com o nome a que se refere):
• Fizemos **bastantes** (muitos) barulhos.
• Fizemos **bastantes** (muitas) observações.

BENEFICENTE/BENEFICÊNCIA

Não existem as formas "beneficiente" e "beneficiência".
• Fomos a um jantar **beneficente** cuja renda será revertida às obras da **Beneficência** Portuguesa.

C

CONVALESCENÇA

Não existe o termo "convalescência".
Seu período de **convalescença** será de dois meses.

D

DE ENCONTRO A/AO ENCONTRO DE

DE ENCONTRO A (contra, ideia oposta):
- A moto do entregador foi **de encontro ao** muro.
- Mesmo nas questões que deveriam ter unanimidade, os interesses dos patrões vão **de encontro a**os dos funcionários. (são contrários)

AO ENCONTRO DE (a favor de, de acordo, para perto de):
- Seu interesse veio **ao encontro d**o meu.
- A torcida saiu em disparada **ao encontro d**o time vencedor.

DE MAIS/DEMAIS

DE MAIS (oposto de "de menos", vem sempre após um substantivo ou pronome):
- Hoje em dia, falar palavrão não é nada **de mais**.
- Temos necessidades **de mais** e dinheiro de menos.

DEMAIS (advérbio de intensidade/pronome indefinido/adjetivo):
- Meu vizinho fala **demais** (muito).
- As pessoas filiadas ao partido podiam se manifestar, as **demais** (as outras) tinham que aceitar caladas as decisões.
- Muitas vezes pensamos apenas em nós e nos esquecemos dos **demais.**
- Meu namorado é **demais**! (ótimo/ muito bom)

E

EMBAIXADORA/EMBAIXATRIZ

EMBAIXADORA: é a mulher que exerce o cargo de embaixador.
- A **embaixadora** da Turquia tem representado muito bem seu país.

EMBAIXATRIZ: é a mulher do embaixador.
- O embaixador e a **embaixatriz** representaram o presidente Lula e dona Marisa no evento.

EMPATAR "EM" ou "DE"?

Neste caso, devem-se empregar as preposições "de" ou ainda "por":
- Flamengo e Palmeiras **empataram de** (**por**) dois a dois.
- Vasco e Grêmio empataram **por** (**de**) um a um.

Obs.: o mesmo se aplica aos verbos "ganhar", "vencer" e "perder":
- O Vasco **venceu** o Corinthians **de** (**por**) três a um.
- O Cruzeiro **perdeu** para o Fluminense **de** (**por**) dois a um.

F

DE FÉRIAS/EM FÉRIAS

Tanto faz dizer que "ela saiu de férias" ou "ela saiu em férias". As duas formas estão corretas.
- Vou entrar **em** férias.
- Vou entrar **de** férias.

Mas basta acrescentar um adjetivo às *férias* para que se reduzam as opções. Aí só se deve usar a preposição **em**:
- Os trabalhadores das indústrias têxteis entrarão **em férias coletivas** amanhã. Sairemos em férias... regulamentares e merecidas!

G

A GRAMA/O GRAMA

A GRAMA (vegetação):
- Meu vizinho corta **a grama** de seu jardim todas as semanas.

O GRAMA (unidade de medida):
- Quero apenas trezent**os gramas** de queijo.

Há outros vocábulos que mudam seu significados com a mudança de gênero:
- a cabeça = parte do corpo
- o cabeça = chefe, líder
- a rádio = emissora
- o rádio = aparelho receptor
- a lente = vidro
- o lente = professor, leitor

H

HAJA VISTA: expressão invariável, portanto *não existe haja visto* (tendo em vista, que se oferece à vista, visto que).
- **Haja vista o** dia das mães, o comércio abrirá no domingo.
- **Haja vista os** resultados dos exames, a faculdade será fechada.
- **Haja vista a** repercussão e o aumento dos casos de aids, o governo iniciará uma campanha preventiva.

HAVER POR BEM (decidir): verbo **haver** deve ser flexionado.
- O presidente **houve** por bem vetar o projeto.
- Os professores **houveram** por bem continuar a greve.

K

K (A LETRA)

Com o Acordo Ortográfico da Língua Portuguesa, promulgado em 2008, a letra "k" foi novamente incorporada ao alfabeto da Língua Portuguesa (bem como "w" e "y") para ser usada em nomes próprios (antropônimos) de outras línguas e seus derivados. Todavia, no caso de abreviaturas, ela não deve ser usada nas suas definições por extenso. Veja as formas corretas:
- **K** = potássio; **Kr** = criptônio;
- **kg** = quilograma; **km** = quilômetro; **kw** = quilowatt

M

MAS/MAIS

MAS (conjunção adversativa = porém, todavia):
- Ela disse que virá à comemoração, **mas** irá embora cedo.

MAIS (advérbio = oposto de menos):
- Ele precisa brincar **mais** com crianças de sua idade.

MEIO/MEIA

MEIO (advérbio – invariável = um pouco/ mais ou menos):
- Ana está **meio** deprimida.
- Paulo está **meio** cansado.
- Sérgio e Luís ficaram **meio** deslocados na festa.

MEIO/MEIA (adjetivo – concorda com o termo a que se refere = metade):
- Comprei **meia** picanha e **meio** litro de vinho.

Obs: diz-se meio-dia e **meia** (12h30 = 12 horas + meia hora).

MENOS (sempre invariável):
- **Menos** trabalho traz **menos** preocupação, **menos** cansaço, **menos** obrigações, mas mais dificuldades financeiras.

MENOR/MENOR DE IDADE (MAIOR/ MAIOR DE IDADE)

A expressão correta é simplesmente **menor**, não existindo a forma **de menor**. Isso também vale para **maior**.
- O ladrão ainda é **menor**...

(O ladrão ainda é menor de idade.)

Obs.: existem também os termos jurídicos **maioridade** e **minoridade**.
- Quando completamos 18 anos temos **maioridade** penal e quando completamos 21 anos temos **maioridade** civil.

MESMO (próprio ou igual – concorda com o termo a que se refere):
- Eu **mesmo** preparei o seminário.
- Eu **mesma** acompanhei seu caso.
- Nós **mesmos/as** representamos a delegação do Brasil.
- Com tudo isso, eles magoaram a si **mesmos**.
- Elas **mesmas** limparam a bagunça que fizeram.
- Estou com a **mesma** dor de ontem.

Obs.: Alguns estudiosos só admitem **mesmo** como pronome de reforço em exemplos como os anteriores. Outros aceitam-no em substituição a termos expressos anteriormente numa oração, devido ao uso consagrado. Ex.: Antes de entrar no elevador, verifique se **o mesmo** se encontra parado neste andar.

N

NACIONALIDADE/NATURALIDADE

NACIONALIDADE: país de nascimento, condição própria de cidadão de uma nação.
NATURALIDADE: município ou estado de nascimento.
• Minha **nacionalidade** é brasileira, sou **natural** de Jundiaí, São Paulo.

O

ÓCULO/ÓCULOS

Palavra que deve ser empregada sempre no plural, apesar de existir a forma singular "óculo". Ex.:
• Esqueci m**eus óculos** no táxi em que viajei ontem.
• Esqueci **um par de óculos**...
Há outros vocábulos que devem ser empregadas sempre no plural:
• **bruços**: Dormir de bruços.
• **costas**: Dor nas costas.
• as **hemorroidas/**os **parabéns/**os **pêsames**.
Obs.: Existem palavras que têm seu significado alterado quando passam para o plural:
• **bem** = virtude
• **bens** = patrimônio
• **féria** = salário
• **férias** = período de descanso

Q

QUITE/QUITES

Verbo **quitar**, estar livre de obrigações: concorda com o termo a que se refere.
• **Paulo** está **quite** com o serviço militar.
• **João e Paulo** estão **quites** com o serviço militar.

R

RECEIOSO ou RECEOSO?

Embora a palavra primitiva **receio** (substantivo) possua um "i" no seu interior, esse "i" desaparece no adjetivo e no verbo.
• substantivo: receio
• adjetivos: receoso/receosa
• verbo: recear
Portanto, o correto é **receoso**.

REIVINDICAR/REIVINDICAÇÃO

Os termos corretos são **reivindicar** e **reivindicação**, e não "reinvindicar" e "reinvindicação".

REPETIR/PASSAR O ANO

• Quem não estuda **repete o** ano.
• Quem se esforça **passa o** ano.
Obs.: alguns estudiosos já aceitam a forma **passar/repetir de** ano, consagrada pelo uso.

RISCO DE MORTE/RISCO DE VIDA

Risco implica algo ruim (risco de perder a partida/risco de contaminação/risco de contrair a gripe).
Todavia, explica-se a expressão **risco de vida como** um eufemismo que pretende suavizar o conceito de morte. Portanto, as duas formas podem ser aceitas.

ROUBAR/FURTAR

ROUBAR: ato de violência, ameaça ou constrangimento.
FURTAR: sem violência, ameaça ou constrangimento.
Roubaram meu carro e me fizeram parar em vários caixas eletrônicos.
Tive a bolsa **furtada** e não tenho a menor ideia de quem foi o ladrão.

S

SE NÃO/SENÃO

SE NÃO (condição negativa – conjunção + advérbio de negação):
- **Se não** entenderem a matéria, mandem-me uma mensagem.

SENÃO (caso contrário/apenas/somente/defeito/falha):
- Você deve estudar muito, **senão** não conseguirá acompanhar a turma.
- Não vejo um **senão** sequer em seu comportamento desde que o conheci.
- Você pode comer de tudo, **senão** alimentos gordurosos.

SOMATÓRIA ou SOMATÓRIO?

Somatório (forma culta, substantivo masculino), apesar de o Volp (Vocabulário da Língua Portuguesa) aceitar somatória (substantivo feminino).

T

TODO/TODO O

TODO (qualquer): **Todo** amor exagerado traz sofrimento.

TODO O (inteiro): **Todo o** amor do mundo não explica a atitude dessa mãe.

TRADUÇÃO/VERSÃO

TRADUÇÃO: quando passamos um texto de língua estrangeira para língua nativa (p. ex.: do francês para o português).

VERSÃO: quando passamos um texto de língua nativa para língua estrangeira (p. ex.: do português para o alemão).

U

UM TANTO OU QUANTO

- Fiquei **um tanto ou quanto** aturdida com sua reação.

Obs.: "um tanto quanto" é incorreto.

Para finalizar, leia a crônica de Mário Prata a seguir em que o autor discute as expressões "de férias" e "em férias".

"Entrando de férias"

Pra começar, sempre achei meio invocado esse negócio de "em férias".

Estou em férias, dizem, agora, os puristas. Eu acho mais gostoso, soa melhor, "de férias".

Em férias parece que é um lugar, um desejo. Estou em férias, quer dizer estou nela. Já o de férias, acho eu, significa o certo: no sentido de estou com ela, ela é minha. Igual estar com febre. Nunca ninguém diria estou em febre.

Isto posto, vou entrar de férias. E não, vou entrar em férias.

O Ubaldo me mandou um e-mail pedindo para ninguém escrever para ele que ele estava entrando de férias. Isso foi ontem. Hoje, anjo da guarda de todos nós, já mandou outro e-mail dizendo que um aviso – daqueles da Internet, que espalham o nosso endereço pelo mundo – sobre um golpe, era falso. Ou seja, já senti que o Ubaldo não está tão de férias assim.

E eu estou aqui tentando ligar para o Evaldo (não é uma rima com Ubaldo, é o editor deste caderno) para dizer que eu estou querendo entrar em/de férias.

Se é que a gente, um dia entrou de/em férias. Este é o grande bode daqueles que resolveram ganhar a vida escrevendo. Não dá para tirar férias. Não dá para desligar do ofício. Não adianta ir para Paris ou Itaparica. A coisa fica lá, mexendo, fervilhando. As ideias não param de vir. Boas ou daquelas horríveis, elas continuam ali, te infernizando. E quando a ideia é boa? O cara começa a viajar nela e não há namorada ou esposa que aguente. É por isso que escritor troca tanto de mulher. É que elas não aguentam. Implodem.

E com razão.

Fico cá eu a imaginar se todo profissional é assim, tem esse problema. Será que o médico, de/em férias lá no Caribe, na praia, tomando um daqueles drinques cor-de-rosa (com bananeira e Carmen Miranda dentro), aquele solzinho macio, está pensando naquele pâncreas de quase três quilos que ele extraiu outro dia? E guardou? E será que a mulher que está do lado dele já percebeu?

Ou ele estaria quase que desejando que aquela senhora do 203 suturasse aquele apêndice que ele ia cair em cima matando?

Será que o advogado em férias pensa, alternando na sua cabeça, uma data vênia e um lugar incerto e não sabido? E na hora de fazer amor, será que ele chama a parceira de vossa meritíssima? E considera os preâmbulos sexuais uma petição inicial?

Será que a costureira costura? O coveiro enterra?

E o engenheiro, olhando para os seios da mulher amada, estaria pensando: o alicerce desta ponte está ruindo. Mas os olhos estão bem iluminados, e é isso que importa.

A parteira, passeando em Paraty, olhando aquele rapaz forte, alto, cheios de músculos, estaria pensando que deve ter sido um parto difícil?

O escritor tira (ou fica de) férias só de uma parte dele. Do jornal, por exemplo. E isso pra quê? Pra poder se dedicar a um outro trabalho. E, se ele pretende não se dedicar a nada, sabe que está se enganando. Vai pintar uma ideia na cabecinha dele e atazanar tudo. Vai ficar martelando, pedindo para ser atendida. E você tem de virar para a pessoa ao seu lado e dizer:

– Com licença, que eu vou embora.

E vai. Apesar de continuar sentado ali. O pior é que, às vezes, leva dias, semanas e até mesmo meses para voltar praquela cadeira. É quando ele vai pensar, mais uma vez, em entrar de/em férias.

Tudo isso para dizer com licença, eu vou embora. Mas volto dentro de um mês.

E como sempre, o Sergio Antunes, poeta, advogado, amigo e interino profissional, fica aqui, dizendo bobagens pra você.

Tchau.

P.S.: Já havia terminado esta crônica quando chegou outro e-mail do Ubaldo:

"Tou viajando daqui a pouco. E não vou de férias, vou trabalhar."

Não disse? E ele usou de e não o em. O João sabe das coisas.

(PRATA, Mário. Entrando de férias. *O Estado de S. Paulo*, 31 maio 2000.)

REFERÊNCIAS

BIBLIOGRÁFICAS (TEÓRICAS)

ACADEMIA BRASILEIRA DE LETRAS. *Dicionário escolar da língua portuguesa*. São Paulo: Companhia Editora Nacional, 2008.

_____. *Vocabulário ortográfico da língua portuguesa*. 5. ed. São Paulo: Global, 2009.

ALMEIDA, Napoleão Mendes de. *Gramática metódica da língua portuguesa*. 45. ed. São Paulo: Saraiva, 2005.

AZEREDO, José Carlos de. *Gramática Houaiss da língua portuguesa*. São Paulo: Publifolha, 2009.

BECHARA, Evanildo. *Moderna gramática portuguesa*. 37. ed. São Paulo: Nova Fronteira, 2009.

CASTILHO, Ataliba T. de. *Nova gramática do português brasileiro*. São Paulo: Contexto, 2010.

CEGALLA, Domingos Paschoal. *Novíssima gramática da língua portuguesa*. 48. ed. São Paulo: Ibep-Nacional, 2008.

CUNHA, Antônio Geraldo da et al. *Dicionário etimológico Nova Fronteira da língua portuguesa*. Rio de Janeiro: Nova Fronteira, 1998.

CUNHA, Celso; CINTRA, Lindley. *Nova gramática do português contemporâneo*. 5. ed. Lisboa: Lexikon, 2008.

FÁVERO, Leonor L. *Coesão e coerência textuais*. São Paulo: Ática, 2001.

FIORIN, José Luiz (org.) *Introdução à linguística I:* objetos teóricos. 6. ed. São Paulo: Contexto, 2010.

_____. *Introdução à linguística II*: princípio de análise. 4. ed. São Paulo: Contexto, 2008.

GARCIA, Othon M. *Comunicação em prosa moderna*. Rio de Janeiro: FGV, 2008.

ILARI, Rodolfo. *Introdução ao estudo do léxico:* brincando com as palavras. 4. ed. São Paulo: Contexto, 2010.

LUFT, Celso Pedro. *Dicionário prático de regência nominal*. São Paulo: Ática, 1992.

_____. *Dicionário prático de regência verbal*. São Paulo: Ática, 1993.

PERINI, Mario A. *Para uma nova gramática do português*. 8. ed. São Paulo: Ática, 1995. [Col. Básica Universitária.]

_____. *Gramática descritiva da língua portuguesa*. 4. ed. São Paulo: Ática, 2007. [Col. Princípios.]

PRESIDÊNCIA da República. *Manual de redação da Presidência da República*. 2. ed. rev. e atual. Brasília: Presidência da República, 2002. Disponível em: <http://www.planalto.gov.br/ccivil_03/manual/manual.htm>. Acesso em 24 jul. 2010.

Rocha Lima, Carlos Henrique da. *Gramática normativa da língua portuguesa.* 43. ed. São Paulo: José Olympio (Record), 2002.

Rosa, Maria Carlota. *Introdução à morfologia.* 5. ed. São Paulo: Contexto, 2009.

Ruwet, Nicolas. *Introdução à gramática gerativa.* 2. ed. São Paulo: Perspectiva, 2001. [Col. Estudos, 31.]

Torrinha, Francisco. *Dicionário latino português.* Porto: Porto Editora/Fluminense/Livraria Arnado, 1942.

Weg, Rosana Morais; Jesus, Virgínia Maria Antunes de. *Acordo ortográfico da língua portuguesa no Brasil:* alterações na ortografia de expressão brasileira. São Paulo: Esfera, 2008.

BIBLIOGRÁFICAS (DAS FONTES)

Andrade, Carlos Drummond de. *Carlos Drummond de Andrade.* São Paulo: Abril Educação, 1980, p. 24. [Col. Literatura Comentada.]

_____. Quadrilha. *Poesia completa e prosa em um volume.* (Poesia/Alguma Poesia). Rio de Janeiro: José Aguilar, 1973, p. 60.

Bandeira, Manuel. Profundamente. *Manuel Bandeira.* Org. por Salete de Almeida Cara. São Paulo: Abril Educação, 1981, p. 67. [Col. Literatura Comentada.]

Folha de S.Paulo. A Justiça Federal viu elementos para Dilma Roussef, 8 jul. 2008, p. A1.s.

Neruda, Pablo. Poema xx. *Presente de um poeta.* 3. ed. Trad. Thiago de Mello. São Paulo: Vergara & Riba, 2003, pp. 16, 17, 22.

O Estado de S. Paulo. ANAC vai recorrer de liminar que impede supensão da VarigLog. Economia, 8 jul. 2008, p. B8.

_____. Obelisco segue sem previsão de reabertura. Cidades/Metrópole, 8 jul. 2008, p. C6.

Mec divulga resultados do Enade. Disponível em: <http://www.universia.com.br/gestor/materia. jsp?materia=16441>. Acesso em 22 jul. 2010.

Pessoa, Fernando. Tabacaria. *Fernando Pessoa: poesia.* 6. ed. Rio de Janeiro: Agir, 1974, p. 86.

_____. Pensar em Deus é desobedecer a Deus. *Obra poética.* Rio de Janeiro: José Aguilar, 1969.

_____. Guardador de Rebanhos VIII. *Poemas escolhidos.* Seleção e organização: Felipe Barbosa. São Paulo, O Estado de S. Paulo/Klick, s/d., p. 25.

_____. *Poesias inéditas (1930-1935).* Lisboa: Ática, 1955.

Prata, Mário. Entrando de férias. *O Estado de S. Paulo*, 31 maio 2000. Disponível em: <http://www. marioprataonline.com.br/obra/cronicas/entrando_de_ferias_1.htm>. Acesso em 24 jul. 2010.

Sant'anna, Affonso Romano de. *Que país é este?* Rio de Janeiro: Rocco, 1984.

Setúbal, Paulo. Só tu. *Alma Cabocla:* flocos de espuma, São Paulo: Saraiva, 1958.

Veríssimo, Luis Fernando. Tu e eu. *Poesia numa hora dessas?!* Rio de Janeiro: Objetiva, 2002, p. 36.

DISCOGRÁFICAS

Ana Carolina; Seu Jorge. É isso aí. *Ana & Jorge ao Vivo.* CD. Sony & BMG do Brasil, 2005.

Ben, Jorge. Que maravilha. *Que maravilha: Grandes sucessos de Jorge Ben Jor.* CD. Globo/Polydor, 1993.

Britto, Sérgio. Epitáfio. Interpretação: Titãs. *A melhor banda de todos os tempos da última semana.* CD. Abril Music. 2001.

Carlos, Erasmo; Carlos, Roberto. Detalhes. *Roberto Carlos. Acústico MTV.* Produção: Guto Graça Mello. CD. Amigo Records/Sony Music. Rio de Janeiro, 2001.

_____. É meu, é meu, é meu. *Roberto Carlos, o Calhambeque.* LP. CBS. Portugal, 1984.

Cartola. As rosas não falam. *Cartola.* LP, lado B. Discos Marcus Pereira,1976.

Caymmi, Dorival. Marina. *A música brasileira deste século por seus autores e intérpretes: Dorival Caymmi.* CD. Sesc São Paulo, s/d.

Cazuza; Leoni. Exagerado. *20 músicas para uma nova era. Cazuza.* CD. Novo Millennium, s/d.

Djavan. Para-raio. *Djavan, a voz, o violão: a música de Djavan.* CD. M-Odeon/Som Livre, 1976.

Falamansa. 100 Anos. *Simples mortais.* CD. Deckdiscs, 2003.

Gil, Gilberto. Domingo no parque. *20 músicas do século XX, Tropicália: Gilberto Gil.* CD. Millennium, s/d.

_____. Se eu quiser falar com Deus. *Enciclopédia musical brasileira: Gilberto Gil.* CD. Warner Brasil, 2000.

_____; Hollanda, Chico Buarque de. Cálice. *Chico Buarque Perfil.* CD. Som Livre Globo EMI, s/d.

Gonzaguinha. Africasiamérica. *Africasiamérica.* CD. Editio Princeps, 2006.

_____. E vamos à luta. *Gonzaguinha perfil.* CD. Som Livre Globo EMI, s/d.

Hime, Francis; Cacaso. Se porém fosse portanto. Em: *Se porém fosse portanto.* CD. Som Livre, 1978.

Hollanda, Chico Buarque de. Até 2ª feira. *Chico Buarque de Hollanda,* v. 3. CD. Som Livre, 2006.

_____. Januária. *Chico Buarque de Hollanda,* v. 3. CD. Som Livre, 2006.

_____. Olê, olá. *Chico Buarque de Hollanda,* v. 1. CD. Som Livre, 2006.

_____. Tira as mãos de mim. *Chico canta.* LP. Universal Music, 1973.

_____. Bem-querer. *Chico Buarque e Maria Bethânia ao vivo.* CD. Phonogran/Philips, 1975.

_____; Hime, Francis. Meu caro amigo. *Meus caros amigos.* CD. Philips, s/d.

_____; Lobo, Edu. Meio-dia, meia-lua (Na ilha de Lia, no barco de Rosa). *Dança da meia-lua.* CD. Biscoito Fino, 2008.

Lee, Rita; Carvalho, Roberto de. Barata tonta. *Rita Lee e Roberto de Carvalho.* LP. Som Livre, 1982.

Maio, Douglas; Ribeiro, José; Soares, Mario. Pense em mim. *Leandro & Leonardo.* CD. Chantecler/ Warner Music, 1991.

Menescal, Roberto; Bôscoli, Ronaldo. Ah!, se eu pudesse. *Roberto Menescal – Bossa Evergrun.* CD. Albatroz, 2005.

Moraes, Vinícius de; Toquinho; Vergueiro, Carlinhos. Por que será? *Toquinho & Vinícius.* CD. Millennium, 1998.

_____. O filho que eu quer o ter. *Arca de Noé 2: Vinícius para crianças.* CD. Polygram, 1981.

Pixinguinha; João de Barro. Carinhoso. *Happy Hour 4.* CD. Som Livre, s/d.

Powel, Baden; Moraes, Vinicius de. Samba em prelúdio. *Baden Powel: a bênção Baden Powel.* CD. Universal Music Brasil, 2005.

Resnick; Young. Pare o casamento. Interpretação: Wanderlea. *A ternura de Wanderlea.* LP. CBS, 1966.

Rodrigues, Lupicínio; Martins. Felisberto. Se acaso você chegasse. *Coisas minhas: Lupicínio Rodrigues 90 anos.* CD. Sony BMG, 2004.

Russo, Renato. Vento no litoral. *Mais do mesmo.* CD. Corações Perfeitos, Edições Musicais/EMI, s/d.

_____; Bonfá, Marcelo. Pais e filhos. *Quatro estações.* CD. EMI, 1989.

SEIXAS, Raul. Eu nasci há 10 mil anos atrás. *Raul Seixas: 20 músicas do século xx.* CD. Millennium, s/d.

SINHÔ. Cansei. *É sim, sinhô*, v. 2. CD. Independente, FS445, 2000.

VALLE, Paulo Sergio; VIANNA, Herbert. Se eu não te amasse tanto assim. *Ivete Sangalo.* CD. Universal, 2007.

VANDRÉ, Geraldo. Para não dizer que não falei das flores. *Geraldo Vandré: série Pérolas.* CD. Som Livre, 2000.

VELOSO, Caetano. Queixa. *O melhor de Caetano Veloso. Sem lenço nem documento.* CD. Philips, s/d.

_____. Você não entende nada. *Caetano e Chico juntos.* CD. Polygram, 1972.

_____; DJAVAN. Linha do Equador. *Linha do Equador.* CD. Sony Music. 1992.

VIANNA, Herbert. O calibre. Interpretação: Paralamas do Sucesso. *Longo caminho.* CD. EMI, 2002.

VILA, Martinho da; HORA, Rildo. Bom dia, minha flor. *Martinho da Vila 12 sucessos Brilhantes.* CD. Columbia, s/d.

VIOLA, Paulinho. Sinal fechado. *Meus momentos: Paulinho da Viola.* CD. EMI Odeon, s/d.

ZAMBIANCHI, Kiko. Eu te amo você. Interpretação: Marina Lima. *Todas.* CD. Universal, 1998.

AS AUTORAS

Rosana Morais Weg tem bacharelado, licenciatura, mestrado e doutorado em Letras/Literatura Brasileira pela Faculdade de Filosofia, Letras e Ciências Humanas, da Universidade de São Paulo (FFLCH/USP), além de cursos de extensão universitária na mesma instituição. Tem experiência docente (níveis fundamental, médio, profissionalizante e superior) no Brasil e no exterior (Moçambique) nas áreas de Metodologia de Pesquisa, Letras e Comunicações. Atualmente é professora das Faculdades Integradas Rio Branco. É autora do livro *Fichamento*.

Virgínia Antunes de Jesus é mestre e doutora em Literatura Portuguesa pela Faculdade de Filosofia, Letras e Ciências Humanas, da Universidade de São Paulo (FFLCH/USP), pedagoga com vasta experiência em direção e coordenação pedagógica e especialista em Teoria Literária: Comunicação e Semiótica pela Pontifícia Universidade Católica de São Paulo. É professora de Metodologia da Pesquisa Científica, Língua e Literatura Portuguesas nas Faculdades Integradas Rio Branco, no Centro Universitário Anhanguera de São Paulo (Unibero) e na FFLCH/USP, onde se licenciou em Português, Francês e Italiano e se dedica a projetos de educação a distância e novas técnicas de dinamização do ensino de Língua e Literatura Portuguesas.

As duas professoras são autoras dos livros *Acordo Ortográfico da Língua Portuguesa* e *O texto acadêmico*, ministram palestras, organizam cursos, oficinas, publicam artigos e mantêm colunas em revistas especializadas e portais eletrônicos. São diretoras da DSignos: Soluções e Desenvolvimento em Linguagens, empresa que faz pesquisa em ensino de línguas e oferece formação em Língua Portuguesa (falada e escrita) a profissionais de empresas e instituições de ensino.